LA
QUINTA
DIMENSIÓN

Derechos de autor © 2024 por N. Charles Olmeda Ph.D.

Publicado por AVAIL

Ninguna parte de este libro puede ser reproducida o transmitida de ninguna manera o por ningún medio, electrónico o mecánico —fotocopiado, grabado, o por ningún sistema de almacenamiento y recuperación (o reproducción) de información— sin permiso por escrito de la casa editorial.

Las citas de la Escritura marcadas NVI son tomadas de la Santa Biblia, Nueva Versión Internacional® NVI® © 1999, 2015, 2022 por Biblica, Inc.® Usado con permiso de Biblica, Inc.® Reservados todos los derechos en todo el mundo. Las citas de la Escritura marcadas NTV son tomadas de la Santa Biblia Nueva Traducción Viviente, © Tyndale House Foundation, 2010. Usadas con permiso de Todos los derechos reservados. Las citas de la Escritura marcadas LBLA son tomadas de La Biblia de las Américas © Copyright 1986, 1995, 1997 by The Lockman Foundation. Usadas con permiso. Las citas de la Escritura marcadas NBLA son tomadas de la Nueva Biblia de las Américas™ NBLA™ Copyright © 2005 por The Lockman Foundation. Derechos reservados. Las citas de la Escritura marcadas RVC son tomadas de la Santa Biblia, Reina Valera Contemporánea ® © Sociedades Bíblicas Unidas, 2009, 2011.

Para derechos extranjeros y subsidiarios, comuníquese con el autor.

Diseño de portada por: Sara Young
Foto de portada por: Andrew van Tilborgh

ISBN: 978-1-964794-12-9   1 2 3 4 5 6 7 8 9 10

impreso en los Estados Unidos

LO QUE LA GENTE DICE SOBRE
LA QUINTA DIMENSIÓN

De vez en cuando, aparece un libro que puede redefinir tu futuro y remodelar tu destino. *La Quinta Dimensión* es uno de esos libros. Mi amigo, el Dr. Charles Olmeda, ha dado en el clavo con su última obra maestra. En sus escritos descubrirás una nueva perspectiva que te ayudará a desatar tu potencial y hacer realidad tus sueños. Sus conocimientos inigualables a lo largo de cada página te brindarán el ánimo y la dirección que necesitas para darle una nueva visión a tu vida. Hazte un favor y lee este libro de principio a fin. ¡Es un cambio total de juego!

—Chris Sonksen
Pastor/Orador/Autor

En *La Quinta Dimensión*, el Dr. Charles Olmeda ofrece una guía transformadora llena de profunda sabiduría espiritual. El libro proporciona una comprensión profunda de las dimensiones de la vida, ayudando en el crecimiento personal y espiritual. En un capítulo conmovedor, el autor relata cómo se sintió perdido a pesar de hacer todo bien, solo para encontrar motivación al reconocer su posición y destino actuales. Esta percepción enfatiza la perseverancia y la búsqueda de dirección en tiempos difíciles. A través de narrativas bíblicas y consejos prácticos, el libro te ayudará a navegar desafíos, construir resiliencia y mantenerte fiel a tus sueños para —en última instancia— profundizar tu fe y empoderarte para vivir una vida plena y con propósito.

—Dra. Debra J. Dean
Autora, Oradora, Profesora, Consultora de Liderazgo

Imagina vivir en un cuerpo lleno de energía, una mente llena de entusiasmo y un futuro lleno de esperanza. Este espectacular libro del Dr. Charles Olmeda muestra el camino claro para vivir con propósito y cumplir los planes de Dios para ti. ¡Este libro es una lectura obligada! Tus tataranietos podrían beneficiarse de lo que aprendas.

—Randy Detrick
Autor
Presidente, Blue Ridge Winery

Se han escrito innumerables libros sobre el tema de la guía divina, a menudo con eslóganes sobreutilizados e ilustraciones anticuadas. El libro del Dr. Olmeda, *La Quinta Dimensión*, ofrece un enfoque fresco a un tema atemporal. Este libro te inspirará —y te desafiará— para que seas más como Jesús.

—Hal Donaldson
Presidente, Convoy of Hope

En *La Quinta Dimensión*, el Dr. Charles Olmeda ofrece un marco transformador para entender el crecimiento personal a través de un modelo de cinco dimensiones del progreso de la vida. Esta obra cautivadora entrelaza narrativas bíblicas con ideas contemporáneas, animando a los lectores a ver el éxito como un viaje cíclico a emprender. Para aquellos dispuestos a comprometerse profundamente con sus principios, este libro tiene el potencial de ser una fuerza transformadora, remodelando perspectivas y reavivando sueños latentes.

—Eddie Rentz
Director de Redes de Iglesias, Convoy of Hope
Exdirector Nacional de Jóvenes, Asambleas de Dios

El Dr. Olmeda ha capturado algo fresco y provocador en su libro *La Quinta Dimensión*. Prepárate para soñar más grande y vivir mejor después de leer capítulo tras capítulo de desafíos perspicaces.

—Dr. Nick Garza
Director de Área de Redes, Convoy of Hope

Esto va más allá de ser una lectura obligada. Sin duda, este libro, narración, manual de instrucciones, GPS espiritual ¡es algo con lo que debes conectar!

—Samuel Rodriguez, Jr.
Productor Ejecutivo de Cine, Autor Nacional Best-Seller
Presidente, NHCLC

El Dr. Charles Olmeda ha escrito un libro de recursos que todos deberían leer, especialmente aquellos que consideran el ministerio o más allá. En *La Quinta Dimensión*, el Dr. Olmeda te guía a través de las cinco dimensiones mientras las menciona y las modela paso a paso. Sus experiencias, respaldadas por paralelismos bíblicos, te ayudarán no solo a soñar, sino a ver y vivir esos sueños al máximo potencial. Lee este libro y aprende de un pastor principal que está viviendo los propósitos de Dios en su vida.

—Rev. Manuel A. Álvarez
Superintendente del Distrito Este Español A/G
Presbítero Ejecutivo EE. UU.

LA QUINTA DIMENSIÓN

REVELANDO EL CAMINO HACIA LA PLENITUD Y MÁS ALLÁ

N. CHARLES OLMEDA, PH.D.

AVAIL

Este libro está dedicado a aquellos que han estado esperando, esperando y esperando para ver la realización de sueños del tamaño de Dios hacerse realidad. Para aquellos que han esperado pacientemente vivir en la plenitud de una visión del tamaño de Dios—¡esto es para ustedes! Permítanme recordarles que la realización de los sueños del tamaño de Dios siempre superará sus expectativas. Manténganse firmes, ¡la demora no es negación!

También está dedicado a una madre enviada por Dios, quien me dejó demasiado pronto (al menos desde mi perspectiva humana), pero que creyó y oró por este luchador a través de un viaje centrado en Cristo y hacia el cumplimiento de la voluntad de Dios para su vida. Aunque no podrás ver ni leer este libro, anhelo el día en que veamos la realización última del sueño de Dios—la eternidad en el Cielo. ¡Hasta que nos volvamos a encontrar!

ÍNDICE

Prólogo xi
Agradecimientos xv
Introducción 17

PRIMERA DIMENSIÓN: SUEÑOS Y VISIONES 27

CAPÍTULO 1. **DONDE TODO COMIENZA** 29
CAPÍTULO 2. **¡SAL! ¡SAL DE DONDE ESTÉS!** 39
CAPÍTULO 3. **SUEÑOS INESPERADOS** 49
CAPÍTULO 4. **MALENTENDIDO** 57
CAPÍTULO 5. **EL TIEMPO ES TU MEJOR AMIGO** 65

SEGUNDA DIMENSIÓN: FRACASO O TRAICIÓN 73

CAPÍTULO 6. **CUANDO EL FRACASO SE CONVIERTE EN PARTE DEL PROCESO** 75
CAPÍTULO 7. **CUANDO LA TRAICIÓN SE CONVIERTE EN PARTE DEL PROCESO** 85
CAPÍTULO 8. **EL FRACASO NO ES EL FINAL** 97
CAPÍTULO 9. **CUANDO EL TIEMPO TRAICIONA** 107
CAPÍTULO 10. **VIVIENDO CON EL FRACASO Y EL ÉXITO** ... 117

TERCERA DIMENSIÓN: UNA PROBADITA 129

CAPÍTULO 11. **SOLO ES UNA MUESTRA**. 131

CAPÍTULO 12. **UNA MONEDA DE DIEZ CENTAVOS** 141

CAPÍTULO 13. **¿SE PUEDE CONFIAR EN TI?** 151

CAPÍTULO 14. **NO TE CONFORMES** 161

CAPÍTULO 15. **LUGARES INCÓMODOS** 171

CUARTA DIMENSIÓN: OBEDIENCIA 185

CAPÍTULO 16. **TERMINA LO QUE HAS COMENZADO**...... 187

CAPÍTULO 17. **PERSONA NÚMERO DOS EN UN MUNDO DE NÚMERO UNO** 197

CAPÍTULO 18. **SACRIFICIO** 209

CAPÍTULO 19. **TU MOMENTO MÁS OSCURO** 219

CAPÍTULO 20. **UN ACTO MÁS DE OBEDIENCIA** 227

QUINTA DIMENSIÓN: CUMPLIMIENTO O PLENITUD 239

CAPÍTULO 21. **VALIÓ LA PENA EL PROCESO** 241

CAPÍTULO 22. **MÁS GRANDE QUE TU SUEÑO** 249

CAPÍTULO 23. **¿DE QUIÉN ES EL SUEÑO, DE TODOS MODOS?** 261

CAPÍTULO 24. **OLVIDANDO EL DOLOR** 271

CAPÍTULO 25. **¿LISTO PARA OTRO CICLO?** 281

PRÓLOGO

"La complacencia de hoy es la cautividad de mañana". Esta declaración establece el escenario para el viaje de descubrimiento descrito en este libro. Cuando nos resistimos a la complacencia, comenzamos un camino que revela nuestro propósito, pasión y las promesas que la vida tiene para nosotros. Estas revelaciones a menudo no vienen a través de eventos grandiosos, sino a través de momentos sutiles y desafiantes que nos definen.

En esta narrativa, mi hermano y amigo, el Dr. Charles Olmeda, ofrece una exploración convincente de esos momentos definitorios, invitando a los lectores a reflexionar sobre el viaje de su propia vida. Una historia memorable que Olmeda comparte es sobre un aparentemente simple viaje a la ciudad de Nueva York, que se convirtió en un viaje metafórico de estar perdido y ser encontrado, destacando las realidades espirituales de dirección y propósito.

Olmeda relata cómo se perdió mientras trataba de encontrar un garaje de estacionamiento en una fría noche de invierno en Nueva York. Esta experiencia sirve como una metáfora conmovedora para los momentos en que nos encontramos sin dirección, inseguros de nuestro camino o propósito. Es en estos momentos de incertidumbre que somos llamados a hacer una pausa, reflexionar y descubrir las verdades más profundas de nuestras vidas.

El libro profundiza en el concepto de autodescubrimiento, enfatizando que este viaje solo puede comenzar verdaderamente en el contexto de la obra terminada de Jesucristo. Olmeda explora cómo entender quién es Dios, quiénes somos en Él y nuestro propósito ordenado por Dios; todo ello forma la base para el crecimiento espiritual, físico, mental y emocional. Pero este viaje no se trata meramente de la realización personal, sino también de cumplir nuestro llamado divino para impactar el mundo.

La narrativa introduce la idea de la "quinta dimensión", representando diferentes etapas de crecimiento y entendimiento en nuestras vidas. Destaca la realidad de un viaje donde hay temporadas de preparación, poda y preservación por parte de Dios. Estas dimensiones desafían a los lectores a examinar su estado actual y fomentan una introspección más profunda que puede llevar a un cambio transformador. El viaje a través de estas etapas está marcado por la gracia y la guía de Dios, ayudándonos a navegar los desafíos de la vida y a celebrar sus triunfos.

En esencia, esta narrativa es un llamado a la acción. Nos anima a resistir la tentación de la complacencia, buscar una comprensión más profunda del propósito de nuestra vida y abrazar el viaje de la fe con renovada pasión y compromiso. Cada retroceso o momento de confusión no es un final, sino un peldaño hacia el cumplimiento del plan de Dios para nuestras vidas.

Al interactuar con este libro, te animo a reflexionar profundamente sobre las experiencias compartidas, anotar tus pensamientos y utilizar los conocimientos de Olmeda para navegar tu viaje único. Este viaje no se trata solo de alcanzar un destino, sino de abrazar el proceso transformador, guiado por la fe en Jesucristo.

Que este libro te inspire a resistir la complacencia, descubrir tu propósito divino y vivir tu llamado con pasión y convicción mientras recorres las dimensiones más profundas y significativas de la vida.

—Samuel Rodriguez
Pastor Principal de New Season, Presidente/CEO de NHCLC
Autor de ¡Tu Desastre, el Milagro de Dios!
Productor Ejecutivo de las películas "Breakthrough" y "Flamin' Hot"

AGRADECIMIENTOS

Primero, y ante todo, gracias a mi Señor y Salvador, Jesucristo, quien allanó el camino y me designó para que "vaya y dé fruto, fruto que perdure" (ver Juan 15:16). ¡No estaría aquí sin los sueños que has sembrado en mi vida! ¡Que viva para honrarte!

Proverbios 18:22 dice que "Quien halla esposa encuentra el bien y recibe el favor del Señor" (NVI). Gracias, Reina, tú eres el epítome de ese texto. Gracias por creer en mis sueños y asumir tantas responsabilidades, especialmente hacia el final de mi camino con el manuscrito. Realmente eres la MVP. ¡Te amo hasta la eternidad!

A mis dos hijas, Amberly y Andrea, ustedes han sido las mayores fans de papá. ¡Son un regalo de Dios! ¡Esto es para ustedes! Que mi vida sea solo un gusto de las cosas más grandes que Dios hará en y a través de ustedes.

Al equipo de AVAIL (Debbie, Sarah, Allison, Noah, y los que están detrás de la escena), su excelente espíritu brilla en todo lo que hacen. Dra. Megan Adelson, tu experiencia en coaching y edición de autores es tanto académica como encomiable. Gracias por hacer de este proyecto algo tuyo a lo largo del viaje y por creer que podía completarlo dentro de tales limitaciones de tiempo. Martijn van Tilborgh, gracias por creer en el proyecto y ser un conducto a través del cual muchos se sentirán animados a soñar sueños de tamaño divino. Andrew van Tilborgh, tu experiencia en fotografía me hizo lucir mejor de lo que merezco. Eres un genio. Gracias.

A mi familia de Transformation Church, LV, gracias por su paciencia durante esta jornada y por servir como los conejillos de indias proverbiales para mi contenido de escritura. ¡No podría haber pedido un liderazgo y un cuerpo de creyentes mejores! A mis dos principales sistemas de apoyo en la oficina, Cindy y Amberly, gracias por ir más allá de su deber. ¿Qué haría sin ustedes? A mi nuevo gurú de Tecnólogo en Información, Jason Velazquez, tu corazón para servir es un regalo. Gracias por todo lo que haces. Finalmente, gracias a toda mi familia, cerca y lejos, especialmente a mi papá, Alejandro Olmeda, y mis hermanos Nancy, Yisell y Steven, quienes creyeron que "Charlie" podría superar cualquier limitación. En ese sentido, gracias al Rev. Samuel Rodriguez por establecer la barra del sueño bastante alta, por creer en este proyecto y por escribir mi prólogo. Tuti (Elizabeth) y Abuelo (Samuel), su amor incondicional me hace sentir que tengo dos padres más; Lydia Lizzette, tu amor por la academia ha sido contagioso y tu impacto incalculable; y a la familia Olmeda/Rodriguez, ¡la vida es tan divertida contigo! ¡Gracias por animar desde la línea de banda!

> "Si no sabes a dónde vas, cualquier lugar
> al que llegues está bien...."
> —Autor desconocido

INTRODUCCIÓN

Una de las peores sensaciones en la vida es no saber dónde te encuentras. Recuerdo una ocasión específica en la que la frustrante inestabilidad emocional de la desesperanza era tan abrumadora que podía gritar. Permíteme explicarlo.

Los inviernos en el noreste pueden ser brutales. Recuerdo uno de esos brutales días de invierno cuando tenía diecisiete o dieciocho años. Decidí darme un gusto, junto a otra persona, a una experiencia teatral en Broadway, en la ciudad de Nueva York. La temperatura, si no recuerdo mal, estaba alrededor de cinco grados Fahrenheit. Hay algo sobre Nueva York en una noche fría de diciembre que te deja anonadado. Las luces, la decoración, los gigantescos copos de nieve iluminados que cubren el frente de los edificios corporativos, la agitación de las festividades y las personas patinando en Rockefeller Center crean un ambiente que parece un cuadro invernal sobre la repisa de una chimenea. Aunque nací y crecí en el noreste, a solo un túnel de distancia de la Gran Manzana, respirar el aire de la ciudad durante las fiestas nunca pasa de moda.

Viajar a la ciudad de Nueva York un viernes por la noche es una locura. De alguna manera, aunque debería haberlo sabido mejor, logré llegar a la ciudad muy poco tiempo antes de que se levantara el telón. No era la primera vez que cometía este error (parece que hay lecciones que simplemente nunca aprendemos).

Como puedes imaginar, surgen varios problemas con este tipo de error. En primer lugar, el tráfico siempre es impredecible. Por lo tanto, es muy probable que pierdas el comienzo de un espectáculo en el que has invertido unos cientos de dólares. En segundo lugar, tiendes a gastar más cuando estás presionado por el tiempo; este fue, sin duda, el caso en mi desesperación por encontrar estacionamiento en la Gran Manzana, particularmente alrededor de los lugares principales. Tal fue mi experiencia en esa fría noche de invierno.

Encontrar el teatro correcto no fue un problema. Encontrar un lugar para estacionar sin "quebrar el banco" fue otra historia. La tardanza tenía un precio propio mientras buscaba frenéticamente el primer y más cercano lugar donde pudiera estacionar: un garaje público a unas dos calles y media del lugar. En retrospectiva, me doy cuenta de que el desafío es que la misma entidad corporativa parece administrar la mayoría de los garajes de estacionamiento en la zona. Todos parecen tener los mismos colores y ofrecen las mismas complejas estructuras de precios que te llevan a creer que necesitas un doctorado en metodología de desciframiento de códigos solo para averiguar lo que tendrás que pagar.

Entré al garaje, consciente del tiempo limitado que tenía para encontrar mi asiento en un teatro ya abarrotado. Procedí a salir del garaje y le pedí al primer empleado que vi que me indicara la dirección del lugar. Si le preguntas a mi esposa, eso por sí solo es un milagro. La percepción popular es que la mayoría de los hombres no piden direcciones. Yo estaba demostrando que esa teoría estaba equivocada (al menos por ahora). El empleado me indicó la dirección que necesitaba caminar, y me dirigí al teatro.

Desafortunadamente para mí, la experiencia no fue todo lo que esperaba. En ese momento no estaba seguro de si estaba frustrado por haberme apresurado y preocupado sin razón, o si simplemente estaba contento de que el espectáculo había terminado. Quién sabe, tal vez solo estaba cansado de una larga y ardua semana y el espectáculo no tenía la culpa. En cualquier caso, alrededor de dos horas y media después de entrar, recogimos nuestras pertenencias, nos pusimos nuestra ropa de invierno y nos dirigimos a nuestro auto.

Salimos del edificio y comenzamos a seguir nuestro camino de regreso al garaje. Viajamos el número correcto de calles y giramos el número correcto de veces (ten en cuenta que en ese momento sentía que la temperatura estaba bajo cero grados Fahrenheit). Finalmente, el garaje... ¡Pero, espera! Aunque el garaje tenía los mismos colores y los mismos letreros de precios complejos, la entrada al garaje era diferente. Recuerdo que entraba directamente al garaje. Pero habíamos estacionado en uno con una pendiente empinada donde tenías que bajar para llegar a la ventanilla del encargado. ¿Cómo podía ser esto? Retrocedimos nuestros pasos hasta el lugar, miramos el edificio y procedimos a regresar a donde pensábamos que estaba el auto. Sin pendiente empinada y, por lo tanto, sin auto. Finalmente, se me ocurrió mirar en la parte de atrás del tique de estacionamiento en busca de una dirección imprimida. Para mi sorpresa, ¡ahí estaba una dirección! (Ahí se fueron los puntos que gané anteriormente por pedir direcciones).

Aprendiendo rápidamente de este error, me dirigí al garaje de estacionamiento correcto. Había pasado aproximadamente una hora desde que dejamos el lugar. Sentía que el congelamiento comenzaba a asentarse, y las quejas de la persona con quien andaba sobre mi pobre sentido de dirección no estaban ayudando mucho. No fue hasta que estuve a una calle del garaje (una calle de Nueva York para aquellos que están familiarizados) que me di cuenta de que el teatro tenía dos entradas idénticas, una a cada lado del edificio. Debido a que asumí que sabía a dónde iba, no me di cuenta de que estaba caminando en la dirección equivocada.

No solo fue frustrante no estar familiarizado con el lugar donde estaba, sino también haber soportado un estrés indebido, haber perdido tiempo y haber borrado los recuerdos de lo que fue una experiencia teatral regularmente decente. La única experiencia memorable que queda de esa noche —tanto que la estoy recordando más de treinta años después— fue la angustia mental de pensar que sabía dónde estaba mientras no podía llegar a mi destino.

> **Nunca vivas de tal manera que no puedas tomarte el tiempo para determinar dónde te encuentras.**

¿No es eso como nuestras vidas? Pensamos que estamos en la dirección correcta y luego sucede algo que nos hace sentir perdidos. Pronto aprenderás, a lo largo de este libro, que malinterpretar las dimensiones que estás viviendo puede causarte frustración y confusión. Si no reconoces la próxima dimensión que se aproxima en el horizonte, puedes sentir la tentación de rendirte antes de ver el cumplimiento de tus sueños.

Aprendí una lección extremadamente valiosa esa noche en la ciudad de Nueva York: nunca vivas de tal manera que no puedas tomarte el tiempo para determinar dónde estás. No me refiero solo a un espacio geográfico, sino a la dimensión precisa en la que te encuentras. Puede que no sea donde quieras estar, pero puede ayudarte a determinar hacia dónde debes ir.

No pretendo tener todas las respuestas para ti sobre dónde te encuentras en la vida. Pero te diré esto: ya seas un emprendedor, una madre, una ama de casa, un ministro, un sacerdote o un trabajador laico, un profesor o una estrella de Hollywood, el presidente de los Estados Unidos o el presentador más popular de la televisión, o cualquier otra persona atraída por el título o el contenido de este libro, te garantizo que experimentarás —o has experimentado— el ciclo de la vida detallado en los próximos capítulos. Es decir, ya sea que lo hayas notado o no, o que puedas admitirlo o no, nuestra vida no es lineal. Hay momentos, temporadas y dimensiones por las que debes pasar antes de que puedas ver el cumplimiento de tu sueño de tamaño divino o tu visión de tamaño divino.

EL CICLO COMIENZA

¿Has tenido éxitos en tu vida? No tienen que ser grandiosos según los estándares de aquellos que sientes que han logrado cosas mayores. Podrían ser tan simples como formar parte de un equipo que pensabas que nunca podrías integrar, o tal vez desempeñarte mejor de lo que pensabas. Quizá estás mirando dónde te encuentras en tu carrera y piensas "¿cómo llegué tan lejos?". Quizá un pensamiento, una idea o un sueño que una vez tuviste se ha convertido en algo más grande de lo que jamás esperaste. Si es así, cada dimensión dentro del ciclo de la vida presentado en este libro te resultará muy familiar. Pronto podrás identificar un momento en tu vida en el que hayas pasado por cada dimensión y recordar el impacto de ese tiempo en las experiencias futuras.

Tal vez estás en el lado opuesto del espectro. Te has probado una y otra vez para el equipo, solo para ser rechazado. Te encuentras luchando por encontrar tu lugar, por ejemplo tratando de elegir la carrera adecuada en una sociedad despiadada. Quizá te preguntas "¿cuándo experimentéraj la esencia PLENA de lo que hasta ahora solo he experimentado en partes y pedazos? ¿Cuándo permaneceré en una temporada alegre de la vida el tiempo suficiente sin que algo se rompa?". Probablemente has tenido sueños que solo han terminado en fracasos, y esperanzas que solo trajeron traiciones. ¡Respira! ¡Este libro es para ti!

Como yo, perdido en la ciudad de Nueva York, puede que estés a solo un giro de 180 grados de encontrar tu destino. En un momento puedes sentirte frío, perdido y frustrado, sintiendo que nunca llegarás. Al siguiente momento puedes estar sentado en la calidez del mismo vehículo que te llevará a donde necesites ir. En otro momento puedes sentir que has cometido el mayor error de tu vida; y al siguiente momento te preguntas "¿cómo es que todo a cambiado a mi favor?".

En un momento puedes sentirte traicionado, abandonado y solo, sintiendo que nadie comprende tus sueños, mientras inviertes en los sueños de otros sin esperanza de que algo bueno ocurra; y en el siguiente momento, estás disfrutando de la plenitud de lo que antes solo fue un sueño.

¿QUÉ PASARÍA SI...?

¿Qué sueñas? No, no me refiero a esos sueños locos que tienes porque te quedaste despierto hasta tarde comiendo pizza. ¿Qué sueñas realmente? ¿Dónde te ves a ti mismo? ¿Qué imaginas? Me refiero a eso que a veces se vuelve tan real dentro de ti que casi podrías saborearlo, olerlo, tocarlo, oírlo o verlo, solo para darte cuenta de que era solo un sueño (o una visión).

¿Qué pasaría si te dijera que algunos de esos sueños que sueñas, y esas visiones que ves, ya han sido declaradas por Dios como realidad? ¿Me creerías? No tienes que hacerlo. Sin embargo, a lo largo de este libro te guiaré para entender cinco dimensiones que ya has atravesado, o atravesarás, en este de esta jornada que todos llamamos vida. Al final de la quinta dimensión, tú serás el juez. Tú determinarás la credibilidad de mi sugerencia. Al final de este viaje puedes decidir si has estado viviendo el propósito de Dios para tu vida, o si las tormentas de la vida te han golpeado con tanta fuerza que has perdido tu lugar. Tú decides si esos sueños y visiones seguirán siendo solo eso, sueños y visiones, o si se convertirán en una realidad viva.

Al igual que mi episodio en la ciudad de Nueva York en esa noche brutalmente fría, puedes estar preguntándote "¿por qué me siento tan perdido si estoy haciendo todas las cosas correctas?". Al igual que yo, mientras enfrentaba algunas de las temporadas más desafiantes de mi vida, también puedes preguntarte "¿se han acabado los mejores años de mi vida? ¿Es esto todo? ¿Estoy loco por soñar tan en grande cuando mi "realidad" dice lo contrario?

No fue hasta que me di cuenta de exactamente dónde estaba que encontré la energía que necesitaba para llegar a mi destino. Incluso mientras recorría las calles frías de Nueva York, temblando y molesto por el tiempo perdido, algo dentro de mí se regocijaba porque sabía hacia dónde me dirigía. Me había enfrentado a mi error y sabía que mi destino estaba cerca. Todavía no había llegado, pero simplemente por haber reconocido dónde estaba, había tenido un vistazo de lo que estaba por venir. Eso fue suficiente motivación para seguir adelante.

DIMENSIONES

El Diccionario Merriam-Webster define "dimensión", en parte, como "un nivel de existencia o conciencia".[1]

¿Recuerdas mi pregunta sobre tu capacidad para soñar? Ahora imagina poder vivir en una "dimensión", un nivel de existencia donde esos sueños—esas visiones—son tangibles. Imagina un lugar donde esas promesas profundamente incrustadas que has sentido, no son simplemente un lugar que visitas mentalmente, solo para luego enfrentar la realidad. En lugar de eso, se convierte en un lugar de existencia, un lugar de residencia.

No, esto no es alguna teología de Nueva Era o de "nómbralo y reclámalo" destinada a emocionarte por lo que está por venir en tu vida. Esto va más allá. Este libro trata sobre tu asignación dada por Dios. Este libro trata sobre vivir en la plenitud de Dios para tu vida. Este libro trata sobre conocer el ciclo de la vida que debes vivir y experimentar para vivir tu vida con propósito y a propósito.

---

1 Merriam-Webster. (s.f.) "dimensión", en http://www.merriam-webster.com/dictionary/dimension.

A lo largo de las próximas cinco secciones (o dimensiones, como las nombro categóricamente), ilustro las cinco dimensiones en forma de escalones simplemente para facilitar la comprensión. Demuestro la idea de avanzar y ascender de una dimensión a otra. Sin embargo, al llegar al final de la quinta dimensión, ilustraré el ciclo completo de lo que considero el modelo de la quinta dimensión. Indudablemente la ilustración pondrá en perspectiva el ciclo de la vida al que todos estamos expuestos.

QUÉ ESPERAR

Mi vida, incluyendo cómo la revelación y el material para este libro llegaron a existir, es parte de la jornada. A lo largo de este libro leerás sobre cinco dimensiones (profundizaré en esto en el capítulo 1).

Este libro está estructurado en cinco secciones diferentes (dimensiones). Una sección por dimensión. Cada una está compuesta de cinco capítulos. Cada capítulo tratará sobre los aspectos importantes de cada dimensión.

Para obtener el máximo provecho de este libro, te animo a trabajar con la guía de estudio que acompaña este libro (la encuentras a través del código QR en la parte posterior del libro). La guía de estudio planteará puntos clave de reflexión que te invitarán a detenerte, reflexionar, anotar y permitir que Dios te ayude con tu autoanálisis. A medida que trabajes en ello, pregúntate: ¿Es esta la dimensión en la que me encuentro? ¿Qué capítulo puedo relacionar más con mi vida y por qué?

Hay algo poderoso y, a veces, liberador en tomar los pensamientos y emociones con los que luchas y ponerlos en papel. Es como salir de ti mismo por un momento y mirar desde afuera hacia adentro. ¿Qué ves? ¿Te trae satisfacción? ¿Despierta sentimientos de arrepentimiento? ¿Notas cosas que nunca habías notado antes? Si no lo has intentado, hazlo ahora. Te sorprenderás de lo que aprendes sobre ti mismo. Si vas a vivir en una dimensión de plenitud (te estoy dando un pequeño adelanto de lo que está por venir), entonces necesitarás conocer a alguien mejor de lo que conoces a cualquier otra persona... y esa persona eres tú.

Así que te invito a este viaje ¡mientras nos dirigimos hacia la Quinta Dimensión!

PRIMERA DIMENSIÓN
SUEÑOS Y VISIONES

SUEÑOS Y VISIONES

DONDE TODO COMIENZA

"Ayer es solo la memoria de hoy y mañana es el sueño de hoy".
—Khalil Gibran

"Tienes que soñar antes de que tus sueños puedan hacerse realidad".
—Abdul Kalam

"Y José tuvo un sueño y cuando lo contó a sus hermanos, ellos lo odiaron aún más".
—Génesis 37:5 (LBLA)

Estoy plenamente consciente de que muchos clasifican los sueños y las visiones como dos categorías diferentes: un sueño ocurre mientras dormimos; una visión ocurre cuando estamos despiertos. Estoy seguro de que si investigas la diferencia entre los dos, obtendrás una lista potencialmente interminable de perspectivas subjetivas. Sin embargo, voy a simplificar las cosas. Para entender la primera de las cinco dimensiones, utilizaré ambos términos de manera intercambiable. Mi objetivo no es distinguir entre tus estados de conciencia y subconsciencia, o entre lo que sueñas cuando estás profundamente dormido frente a lo que imaginas cuando estás despierto. Más bien, mi objetivo es despertar esa disposición profunda en tu ser de una grandeza inminente.

> **Las visiones y los sueños del tamaño de Dios tienen poco que ver con el objetivo final, aunque eso también importa, y todo que ver con el viaje transformador en el camino hacia ese objetivo.**

Dicho de otra manera, una visión o un sueño de tamaño divino a menudo se ven como una metáfora de una meta excepcionalmente ambiciosa que trasciende nuestra capacidad individual y nuestras limitaciones. Representa un desafío que requiere no solo esfuerzo, sino fe, esperanza, resiliencia y una creencia en algo más grande que nosotros. Las visiones y los sueños del tamaño de Dios tienen poco que ver con el objetivo final, aunque eso también importa, y todo que ver con el viaje transformador en el camino hacia ese objetivo. Estos sueños y visiones inmensamente grandiosos nos inspiran a elevar nuestra vista y a romper los límites de lo posible, recordándonos que el potencial para lograr una grandeza en una escala divina reside dentro de todos nosotros.

PROTAGONISTAS VIP

A lo largo de este libro, presentéraj a dos personajes (nuestros protagonistas VIP) que ejemplifican o encarnan los ciclos inevitables que se desarrollan en cada una de las cinco dimensiones. Estos protagonistas de la vida real, ya sea interpretados a través de un lente moderno o vistos desde su significado histórico, nos ayudan a entender sueños y visiones con un sentido de fe inquebrantable, resiliencia y paciencia. Como actores en una película que, sin previo aviso, nos atraen subliminalmente a una experiencia que nos hace relacionarnos con su personaje, estos protagonistas nos recuerdan que incluso las aspiraciones más elevadas pueden materializarse cuando las entregamos a la confianza divina y permitimos que se moldean a través de las pruebas de la vida. La verdad es que me atrevo a ir un paso más allá: digo que el cumplimiento de estos sueños y visiones no verá la luz del día sin momentos difíciles, caóticos y, a menudo, complicados en la vida.

¿Se ha hecho realidad cada sueño en tu vida sin ningún desafío? ¿Tu visión para algo más grande se ha hecho realidad sin interrupciones, tropiezos o fracasos? ¿Qué crees que sucedería entonces con un sueño o una visión tan grandiosa que trasciende tus habilidades personales y limitadas? Las dificultades de la vida pueden frustrarlos, a menos que comprendas los recursos necesarios para verlos convertirse en realidad.

Imagina, por ejemplo, tener setenta y cinco años y ser relativamente exitoso. Hasta el momento, nada en tu vida sugiere que te hayas quedado corto, hayas fallado o no hayas alcanzado el éxito. Sin embargo, sin previo aviso, tu vida es lanzada a un encuentro tan poderoso que te ves atraído a una visión diferente a cualquiera otra que hayas experimentado antes. Todo el éxito que has experimentado hasta ahora se empequeñece en comparación con la visión que ahora tienes.

Este fue el caso de una figura muy familiar en Génesis, el primer libro de las Sagradas Escrituras, lo dice de la siguiente manera:

El Señor dijo a Abram: «Deja tu tierra, tus parientes, la casa de tu padre y ve a la tierra que te mostraré.

»Haré de ti una nación grande y te bendeciré; haré famoso tu nombre y serás una bendición. Bendeciré a los que te bendigan y maldeciré a los que te maldigan; ¡por medio de ti serán bendecidas todas las familias de la tierra!». (Génesis 12:1-3, NVI)

Este llamado, esta atracción en lo más profundo de su alma, indudablemente impulsó a Abram a darse cuenta de que había algo más grande por suceder en su vida; algo que superaría sus más grandes expectativas. Algo que no solo cambiaría su estatus familiar, sino también el curso de la historia para las generaciones futuras.

¿Qué de ti? ¿Dónde te encuentras? Como Abram, ¿has experimentado éxito? ¿Has vivido una vida fructífera? ¿Qué aspecto ha tenido el éxito para ti? ¿Cómo lo defines? Quizá es una lista de sueños cumplidos que marcas a cierta edad, revisándola de arriba a abajo y con la pluma en la mano marcando cada elemento...

Cumplido... cumplido... cumplido... cumplido...

¿Y ahora qué? ¿Cuál es el próximo paso? ¿Qué tan grande era tu sueño? ¿Qué tan grande era tu visión? ¿Era un sueño de tamaño divino que requería una intervención divina? ¿Era una visión de tamaño divino que requería orientación divina porque, sin ella, la hubieras abandonado ante la oposición?

La historia está llena de aquellos a quienes considero figuras VIP proverbiales. Abram no es la única persona en la lista. Déjame presentarte a otro VIP que ciertamente encarna el modelo de la quinta dimensión.

Imagina que eres un adolescente, un joven de diecisiete años. Te acuestas a dormir después de un día lleno de tareas y responsabilidades familiares. Nada de esta noche parece extraordinario. Luego, mientras duermes profundamente, tienes un sueño. Considerando el ambiente de agricultura al que te has acostumbrado, un sueño sobre gavillas en el campo no es nada fuera de lo común. Eso es hasta que las gavillas que tú has atado permanecen erguidas, mientras que las gavillas que ataron los demás miembros de tu familia se inclinan ante las tuyas (Génesis 37).

Este adolescente se llama José. Como cualquier joven navegando etapas de madurez y sabiduría, de manera precipitada e inocente comparte el sueño con sus hermanos, quienes inmediatamente lo interpretan como arrogancia. "¿Quieres decir que vas a reinar sobre nosotros? ¿Quieres decir que vas a gobernarnos?" (Génesis 37:8, paráfrasis del autor), declararon sus hermanos. Sin embargo, antes de que el efecto del primer sueño pudiera disiparse, José tiene otro sueño. Esta vez José comenta ante sus hermanos: "Tuve otro sueño en el que veía que el sol, la luna y once estrellas se inclinaban ante mí" (Génesis 37:9, NVI).

Puedo imaginar que la respuesta de reproche de su padre y el enojo de sus hermanos no era lo que él había anticipado. Sin embargo, allí estaba, recibiendo el rechazo de su familia por un sueño que no había pedido y que ciertamente no podía entender por completo. Como si eso no fuera suficiente, las decepciones, la traición, la soledad y el dolor que se desprendieron de esos sueños que aún no se materializaban se convirtieron en la norma más que en la excepción a lo largo de la vida de José. En lugar de un camino prometedor hacia el cumplimiento de un sueño, experimentó un viaje personal que parecía desviarse por completo de él. De hecho, su vida se convirtió en la antítesis de lo que debería parecer el progreso ante un sueño grandioso.

¿Te identificas? ¿Tienes sueños que han sido malinterpretados, subvalorados o incluso enterrados bajo capas de imposibilidad, fracaso o traición? ¿Son sueños tan grandes, visiones tan grandiosas que te asustan? De hecho, nada en tu estatus económico actual, "pedigrí familiar", logros o capacidades sugiere que tengas la capacidad completa para ejecutar el cumplimiento de ese sueño o ver realizada una visión tan grandiosa. ¿Te asusta? ¿Te impulsa a transitar a través de territorios desconocidos o te obliga a retroceder por miedo al fracaso?

> **Este libro habla de sueños y visiones a la medida de Dios. Se trata de sueños y visiones que superan nuestras limitaciones personales.**

La historia está llena de héroes, heroínas y transformadores del mundo, bíblicos e históricos, que han trascendido las limitaciones personales para cumplir sueños y visiones de maneras que modelan la resiliencia definitiva. Sin embargo, no puedo decir eso sin ofrecer una aclaración: este libro no trata sobre superar limitaciones personales para cumplir un sueño personal o una visión personal. No es el típico manual de autoayuda que te motivará a superar obstáculos, mantener una actitud positiva y alcanzar niveles de victoria que te hagan sentir orgulloso por no rendirte.

No me malinterpretes; no hay nada malo en ninguna de esas cosas. En un mundo con tantas distracciones y tanta inestabilidad y decadencia cultural, se necesita una gran cantidad de enfoque y resiliencia para superar los obstáculos. Se necesita tenacidad para cumplir sueños y experimentar la realización de una visión personal de éxito. Sin embargo, este libro es mucho más que eso. Este libro habla de sueños y visiones a la medida de Dios. Se trata de sueños y visiones que superan nuestras limitaciones personales.

Este marco abarca un vasto espectro de personas que trascienden el estatus socioeconómico, el nivel académico o el trasfondo religioso. Por ejemplo, para **Abram** (uno de nuestros protagonistas que tomará el centro del escenario a lo largo de las cinco dimensiones) la visión incrustada en él trascendía el éxito económico. Ya había experimentado el éxito terrenal con posesiones personales. La visión no era algo que pudiera comprar, cultivar, cosechar o manipular para que existiera. Era demasiado grande para que él la ejecutara completamente por su cuenta. Lo mismo ocurre con José. Su juventud lo excluiría de la madurez y la sabiduría necesarias para impulsar un progreso paso a paso hacia el cumplimiento de sus sueños. Pero... ¡oh, no! Sus sueños eran más grandes y más grandiosos de lo que él podría haber formulado individualmente.

Entonces, cuando hablo de héroes, heroínas y transformadores del mundo, hablo de personas que superaron limitaciones como las que se encuentran en tres de las cinco dimensiones delineadas a lo largo de este libro. Sin embargo, a pesar de esas limitaciones, dejaron una huella que cambió la historia para siempre.

Puedes leer este libro y relacionarte con las grandes aspiraciones de alguien que ha dejado una marca indeleble en este mundo. Tus sueños y visiones son grandiosos, pero admitirías que son mayores que las limitaciones personales que posees. No obstante, te animo a seguir leyendo si puedes imaginar un final a la vista o si deseas entender cómo las cuatro siguientes dimensiones en el camino hacia el cumplimiento pueden detener o propulsar tus sueños y visiones hacia adelante.

Por otro lado, tal vez te sentiste tentado a dejar de leer porque te has subestimado. Quizá no puedes relacionarte con esta idea de un héroe, una heroína o un transformador del mundo que podría producir una grandeza tal que cambiaría tu vida y las vidas de los demás. Si ese es tu caso, ¡entonces tienes aún más razones para seguir leyendo! Tal vez no puedas relacionarte con una persona como Abram, que ya había experimentado éxito. Pero ¿puedes relacionarte con un adolescente de diecisiete años sin experiencia previa en la construcción de sueños, y mucho menos en alimentar un sueño tan grandioso hasta que se convirtiera en realidad? ¡Yo puedo!

YO ENCAJO EN EL MODELO

Recuerdo un comercial de televisión en los años de los 80 que promocionaba la restauración de cabello para hombres. Después de un extenso discurso vendiendo su producto y sistema de restauración capilar, el locutor termina el comercial mostrando una foto de sí mismo y exclamando: "No solo soy el presidente del club de restauración capilar, ¡sino que también soy un cliente!". Bueno, yo tampoco puedo hablar desde un lugar en el que no he estado. Como tal, no solo soy el autor, sino que también soy un ejemplo viviente de alguien que ha tenido que navegar por las dimensiones que describo en este libro. ¿Cómo es que una persona sin un modelo académico en su familia inmediata o extendida, alguien que fue intimidado durante toda la primaria y la escuela secundaria, y que en muchos sentidos fue religiosamente protegido del mundo exterior, creció para soñar sueños de tamaño divino? ¿Cómo recibió esa persona una visión para el futuro tan profundamente incrustada en su alma que darse por vencido no era una opción? Bueno... ¡yo soy esa persona! Incluso mientras escribo este manuscrito, me recuerdo uno de mis textos favoritos de la Biblia que me ha ayudado a sostenerme en algunos de mis momentos más difíciles: *"Hubiera yo desmayado,* si no hubiera creído que había de ver la bondad del Señor En la tierra de los vivientes" (Salmos 27:13 NBLA). El potencial para esta desesperación comenzó temprano en mi vida. Déjame darte una idea.

Esto es lo que quiero decir cuando digo que estaba religiosamente protegido del mundo exterior: aunque soy cristiano, debo admitir que tanto mi teología como mis practicas han cambiado mucho desde algunas de las enseñanzas a las que estuve expuesto. Crecí en un ambiente religioso que creíaue la iglesia debia mantenerse neutral. Esta neutralidad significaba involucrarse en los asuntos de la iglesia (es decir, servicios dominicales, servicios a mitad de semana, compartir nuestra fe de puerta en puerta, grupos juveniles y cualquier otra cosa que simplemente involucrara a la "iglesia" en cumplir su misión), pero nada más. No había tal cosa como que la iglesia participara en política, programas escolares, programas deportivos de la ciudad y similares. Parecía haber una teología no expresada que sugería que involucrarse en esas áreas era mezclarse con el mundo de una manera poco saludable y no muy espiritual. Incluso a una temprana edad, esto no me parecía correcto.

Por ejemplo, cuando era un niño pequeño, recuerdo vívidamente estar de pie en uno de los parques de la ciudad, agarrándome a una cerca de alambre. Con mi nariz metida en una de las aberturas, veía las pruebas de apertura para los equipos de béisbol de la Pequeña Liga de la ciudad. Tenía muchas ganas de ser parte del equipo. Sin embargo, mis padres dijeron que no.

"¿Por qué?", les preguntaba.

"Tú sabes por qué", respondían, seguido de algo como "los programas de la iglesia y los servicios del domingo estarán en constante conflicto con tus prácticas y días de juego".

Parte de mí se enojaba y otra parte de mí no podía entender por qué personas llamadas a ser luz (Mateo 5:14-16) estarían tan segregadas del mundo que las rodeaba.

¿Estaba entonces limitado a soñar dentro del contexto de un ambiente eclesiástico? Si es así, ¿cómo impactaría eso al mundo que me rodea? ¿El sueño de José y su cumplimiento, simplemente estaba dirigido a un pueblo vinculado a su herencia? ¿Solo a su propia gente? ¿Qué de tus sueños? ¿Están limitados por tu crianza? ¿Está tu visión contextualizada dentro de las limitaciones de tus experiencias pasadas? ¿Está tu sueño o visión restringido por fracasos, retrocesos, traiciones o límites que aquellos que te precedieron han modelado?

Pues, como José, ¡es hora de soñar de nuevo! Como Abram, es hora de salir de tu zona comoda y creer que si has sido impulsado por una visión más grande que tú, no debes descartarla como demasiado grande, demasiado elevada o demasiado imposible. En su lugar, debes hacerte la pregunta: *¿Cómo se convertirá este sueño o esta visión en una realidad?*

¡SAL! ¡SAL DE DONDE ESTÉS!

*"¡Nunca saldrás de tu lugar de conformidad
hasta que visualices un lugar mejor!".*
—C. Olmeda

*"La conformidad es el carcelero de la libertad
y el enemigo del crecimiento".*
—John F. Kennedy

Pensé que era producto de mi imaginación. ¿Me estaba jugando mi memoria una mala pasada o me acaso alguien me había enseñado a soñar más allá de mi condición actual a la temprana edad de ocho años? Ahora soy un adulto soñando grandes sueños por mi cuenta. Como si intentara desenterrar recuerdos que coincidieran con esta etapa de mi vida, este recuerdo largamente olvidado surgió de mi banco de memoria. ¿Me estaba imaginando cosas? Debido a que no estaba seguro, levanté el teléfono y llamé a mi hermana mayor. Con un tono de confusión en mi voz, le pregunté: "Nancy,

¿acaso nuestra prima Mayra . . . ?" (quien, ahora que lo pienso, era apenas una adolescente) "¿nos pidió que pensáramos y soñáramos con grandes casas, hermosos muebles y vacaciones lujosas, y nos prometió comprárnoslos cuando fuéramos mayores?"

"Claro que sí", fue su respuesta. "Por favor dime que recuerdas el cuaderno de composición color beige y el marcador naranja que siempre traía para capturar nuestros sueños en papel", continuó.

¿Qué impulsaría a una niña de catorce o quince años a soñar más allá de sus limitaciones e involucrar a otros en el proceso? Tal vez ella también era una soñadora de sueños de tamaño divino. La verdad es que viajaba periódicamente desde su vecindario significativamente deteriorado en Filadelfia hasta un pequeño apartamento a casi dos horas de distancia para cuidar a un par de niños en edad escolar y los incitaba a imaginar algo mucho más grande que su vida actual. No sé con certeza qué impulsaba una imaginación tan vívida en la mente de esta joven. Lo único que sé es que la capacidad constante de mi prima Mayra para alejar nuestras mentes de lo que consideramos normal—lo cómodo y lo predecible—instaló una visión en mí que aún valoro hasta el día de hoy.

Al recordar esos preciosos recuerdos inocentes de un niño que no entendía completamente la diferencia entre la ficción y la realidad, estoy agradecido porque lo que podría haber sido un truco para mantener ocupados a un par de niños de siete y ocho años en una cultura predigital, se convirtió en un catalizador para soñar más allá de lo normal.

No fuimos los primeros ni seremos los últimos en ser impulsados a soñar fuera de nuestra realidad actual. ¿Recuerdas a nuestro protagonista VIP bíblico, Abram? Me pregunto si eso es lo que él sintió cuando se le prometió una recompensa de Dios después de su larga batalla para rescatar a su sobrino Lot de sus enemigos (Génesis 14). Aparentemente, sin darse cuenta de que Dios mismo era su recompensa, Abram replicó con un incrédulo: "¿De qué sirven todas tus bendiciones si ni siquiera tengo un hijo?" (Génesis 15:2, NTV).

Las Escrituras nos dicen que "el Señor llevó a Abram afuera y le dijo: Mira al cielo y, si puedes, cuenta las estrellas. ¡Esa es la cantidad de descendientes que tendrás!". (Génesis 15:5, NTV).

No puedo sacarme de la cabeza esa frase: "El Señor llevó a Abram afuera...". Abram fue sacado de su lugar de morada, fuera de su zona comoda y de su lugar de seguridad, y se le pidió que soñara. Las instrucciones del Señor a Abram significaban que tendría que imaginar algo más allá de sus limitaciones.

Mientras contemplaba la vasta extensión de los cielos y las innumerables estrellas que se desplegaba ante él, en ese momento de quieta contemplación Abram se encontró no solo con la majestuosidad del cosmos, sino también con la enormidad de los sueños que se agitaban en su alma. Tuvo que mirar más allá de lo que no tenía y confiar en que se le había prometido algo mayor, algo tan grande que trascendía la riqueza que había acumulado. Para Abram, salir de su tienda para contemplar las estrellas fue más que un simple acto de observación astronómica; fue un encuentro profundo con el Señor. Fue un despertar del alma para soñar sueños de tamaño divino.

En este punto, Abram había encontrado la inspiración para imaginar un futuro que trascendía los límites del presente, un futuro donde las promesas de Dios se manifestarían en el mundo que lo rodeaba. Mientras se encontraba bajo la vasta extensión de los cielos, Abram se atrevió a imaginar un legado que perduraría por generaciones, un legado construido no sobre riquezas terrenales o placeres efímeros, sino sobre la fe, el coraje y la determinación inquebrantable.

> **Cuando terminan tus limitaciones personales, comienzan las posibilidades ilimitadas de Dios.**

A diferencia de Abram, que era exitoso y cuyo movimiento continuo se evidenciaba por sus logros, yo era todo lo contrario. Criado en un ambiente en el que ambos padres se ajustaban al *modus operandi* de las familias religiosas, fácilmente podría haberme conformado con todas las limitaciones posibles. Por favor, no me malinterpretes. Tuve padres amorosos y temerosos de Dios, quienes estuvieron casados durante cincuenta y un años hasta que mi madre falleció de esta tierra a la temprana edad de sesenta y nueve años. Sin embargo, eran criaturas de hábito que se habían conformado con el *statu quo*. Nuestra vida era predecible. Día tras día, mes tras mes y año tras año, la vida no cambiaba mucho. La vida no era mala, pero era estática. Por lo tanto, me di cuenta desde temprano que era difícil salir de un lugar de conformidad y complacencia a menos que imaginara un lugar mejor.

¿Cuál es tu zona de comodidad? ¿Qué has podido lograr que sientes que se ha convertido en tu techo, es decir lo mejor que puedes ofrecer? ¿Puedo sugerirte que cuando terminan tus limitaciones personales, comienzan las posibilidades ilimitadas de Dios? El ejemplo de Abram nos enseña que la verdadera grandeza no radica en la complacencia, sino en la disposición de ir más allá de los confines de nuestras zonas de comodidad y adentrarnos en el reino de lo imposible. Es un recordatorio de que para alcanzar sueños de tamaño divino, debemos estar dispuestos a salir del territorio conocido, abrazar la incomodidad y confiar en un propósito superior más allá de nuestra comprensión.

ASUSTADO HACIA LA ACCIÓN

Abrazar algo más allá de las limitaciones personales es muy familiar para mí. Todavía recuerdo la llamada. Mientras estaba sentado con las manos enlazadas debajo de los muslos, balanceándome de un lado a otro y contemplando a lo que me había comprometido, pensé: ¿Y ahora qué? El presidente de una organización nacional acababa de llamarme y me pidió que viajara a la capital de nuestra nación para participar en un panel de cuatro personas en una de las cámaras del Senado sobre el tema de la reforma migratoria. Al principio, pensé: No es gran cosa. Me aseguraré de que un equipo colabore conmigo en la presentación y practique cada detalle de manera concisa.

Eso fue hasta que descubrí quiénes estarían en el panel. Todos los panelistas tenían un título de posgrado. ¡Yo no! De hecho, aparte de la educación teológica formal a nivel de instituto, no tenía ningún título. ¿Qué estaba pensando? En cierto sentido me sentí como Abram. Había experimentado cierto nivel de éxito en la gestión bancaria y ahora estaba siguiendo un llamado de Dios hacia el ministerio pastoral. Sin embargo, la academia, y más aún en el ámbito político, no formaba parte de mi currículum... ¡ni de cerca!

Como si las inseguridades no fueran suficientes, una llamada del alcalde de nuestra ciudad no mejoró las cosas. Llamó el día antes de la presentación para decirme que se había enterado de que iba a presentar en Washington, D.C. Él iba a estar en la ciudad para una reunión de alcaldes, por lo que tenía la intención de asistir al evento y escuchar mi presentación. En ese momento, pasé de ensayar mi presentación a idear múltiples formas de excusarme para no participar. Sin embargo, en medio de todo el dilema, como Abram, ¡sentí un halar! Un halar con una voz. Una voz interna que resonó dentro de mí: ¡Sal de tu zona de comodidad y piensa en grande! ¡No hubieras recibido la invitación si alguien no pensaria que eras capaz de sentarte en esa mesa!

¿Cuántos de nosotros somos tentados a dejar pasar oportunidades—oportunidades del tamaño de Dios—porque no nos sentimos calificados? Porque no tenemos el título adecuado, el nivel adecuado, el estatus socioeconómico adecuado o la experiencia adecuada. Como tal, se vuelve más fácil ceder a la comodidad, la conformidad y la complacencia, que aventurarse en territorio desconocido. Pero, ¿y si esa incomodidad es precisamente la preparación que necesitas para catapultarte a una dimensión que no habías considerado? Eso fue lo que me pasó.

Pasé gran parte de las veinticuatro horas previas a la presentación frente a un espejo. Practiqué la colocación de las manos, el contacto visual, las pausas verbales y la inflexión. Practiqué, practiqué, practiqué. Oré y luego practiqué un poco más. Finalmente llegó la hora de caminar hacia una sala llena de personas, incluyendo políticos, representantes de varios medios de comunicación y un moderador listo para hacer preguntas.

Me gustaría poder decir que recuerdo la mayoría de los detalles de mi experiencia. ¡No los recuerdo! Lo que más recuerdo fue ver los títulos académicos al final de cada uno de los letreros con los nombres de los presentadores y preguntarme: ¿Por qué no yo? Desde que tengo memoria, me encantaba pasar tiempo con personas que hablaban bien, personas más inteligentes que yo y que agudizaban mis habilidades. Pero, considerando las limitaciones que me rodeaban—aunque no por elección—solo había soñado en función de mi realidad actual. Eso fue hasta que me sacaron de mi lugar de conformidad y me atreví a soñar.

En ese momento supe que, dado que el sueño era mayor que mis limitaciones, necesitaría una intervención del tamaño de Dios para abrirme paso y completar mis estudios de posgrado y, finalmente, obtener mi doctorado. Por favor, no malinterpretes mi mensaje. Como Abram, quien experimentó el nacimiento de un hijo llamado Isaac, el doctorado no fue la realización del sueño; fue solo una muestra—una probadita—de las oportunidades del tamaño de Dios que surgirían al salir de la comodidad y entrar en territorio desconocido.

Por cierto, en caso de que te lo estés preguntando, el panel resultó excelente. Como muchos de nosotros, los peores escenarios que nos imaginamos no se materializaron. No se derramaron vasos de agua al mover mi mano demasiado rápido. No hubo palabras tartamudeadas. No hubieron frases o comentarios que no estuvieran alineados con el tema en cuestión. Toda esa preocupación fue en vano. En lugar de eso, cualquier inquietud que tenía al enfrentar este ambiente desconocido solo me hizo mejor. ¿Te suena familiar?

La verdadera valentía no es la ausencia de miedo; más bien, es la disposición a enfrentarlo en busca de algo más grande.

UNA PERSPECTIVA DIFERENTE

Es hora de ver el miedo no como un obstáculo, sino como un catalizador para el cambio. De nuevo, no saldrás de tu lugar de conformidad hasta que vislumbres un mejor lugar. Como yo, tal vez seas el primero en tu familia en alcanzar una educación formal. Como Abram, tal vez has experimentado éxitos, pero de alguna manera sientes que no termina ahí. Sientes una agitación profunda en tu interior, incitándote a soñar sueños de tamaño divino. Cuando eso sucedede, intentas a igualar esos sueños con la magnitud de tus recursos, solo para darte cuenta de que no coinciden. ¡Pues muy bien! Porque los sueños de tamaño divino requieren recursos del tamaño de Dios.

La verdad es que en este despliegue de la vida que llamamos existencia humana, la comodidad de lo familiar a menudo se convierte en un capullo acogedor, protegiéndonos de los desafíos e incertidumbres que se encuentran más allá de sus confines. Sin embargo, es en el acto de atrevernos a salir nuestro lugar de comodidad y conformidad donde descubrimos las verdaderas profundidades de nuestro potencial y nuestra capacidad para soñar sueños de tamaño divino. El miedo, como una sombra implacable, trata de cubrir nuestras aspiraciones, susurrando dudas e inseguridades en nuestras limitaciones mentales inducidas por nuestro ser humano. El miedo se convierte en nuestro adversario, buscando inmovilizarnos con su agarre paralizante y mantenernos atados a lo familiar.

Frente al miedo y los contratiempos, atreverse a soñar sueños de tamaño divino requiere una determinación resuelta para avanzar a pesar de las incertidumbres. Es un viaje plagado de obstáculos y desvíos, pero es precisamente al superar estos desafíos que nuestra fe se fortalece y nuestros sueños se hacen realidad. Como

Abram, ¿estás listo? ¿Estás listo para salir de tu zona de comodidad, desviar tu mirada de lo natural a lo sobrenatural y soñar sueños de tamaño divino?

Al final, no es la ausencia de miedo o contratiempos lo que nos define, sino nuestra disposición a elevarnos por encima de ellos y atrevernos a soñar con la audacia de aquellos que creen en el poder ilimitado de Dios. A medida que avanzamos con valentía hacia lo desconocido, guiados por la fe e impulsados por el propósito, desbloqueamos el potencial ilimitado que reside dentro de nosotros y descubrimos que las mayores aventuras esperan a aquellos que se atreven a soñar sueños de tamaño divino.

SUEÑOS INESPERADOS

"¡Los sueños inesperados a menudo emergen
de lugares de quebrantamiento!".
—C. Olmeda

"Tienes que tomar riesgos. Solo comprenderemos plenamente el milagro de la vida cuando permitamos que suceda lo inesperado".
—Paulo Coelho

¡Los sueños (sueños de tamaño divino) nacen con un propósito! Las visiones (visiones de tamaño divino) nacen con un propósito. No te son dadas para que mueran contigo cuando tomes tu último aliento. Crean cambios que alteran el curso de la vida tal como la conocemos; cambios que catapultan a las familias a experimentar una vida que sus predecesores nunca experimentaron. Ayudan a crear hábitos, comportamientos y patrones que inculcan la idea de que la complacencia no es una opción.

El tipo de sueños al que me refiero no se compara con las reflexiones normales de nuestras vidas cotidianas. Estoy hablando del tipo de sueños que desafían la lógica. Los que se cuelan a través de las grietas de un día normal. Pero cuando desencadenan una emoción inesperada en lo profundo de tu alma, te das cuenta de inmediato de que algo está a punto de cambiar. Toma, por ejemplo, la historia de Nehemías, un hombre (una figura bíblica) cuya vida fue alterada para siempre por un sueño inesperado. Su viaje de copero a constructor de ciudades tiene lecciones eternas para aquellos que se atreven a escuchar los susurros silenciosos de sueños inesperados, listos para invadir una vida que de otro modo sería normal.

Tal vez la vida de Nehemías estaba lejos de ser normal. Puedo imaginar que vivir en un palacio, servir a un rey y adherirse a protocolos diseñados para alcanzar el más alto grado de excelencia no eran tareas simples. Pero cuando un deseo de abordar una preocupación a nivel de ciudad desencadena una emoción en lo profundo de su alma, Nehemías es catapultado a una nueva dimensión de visión que trasciende todo lo que había experimentado. Entonces, ¿por qué ceder? ¿Por qué asumir la responsabilidad de algo de lo que podría haberse alejado y caminar en la dirección opuesta? Creo que la respuesta es compleja, pero al mismo tiempo simple. Compleja porque responder a tal impulso fue desencadenar una serie de eventos tan grandiosos que se necesitaría intervención divina. Simple porque importaba. Las vidas de las personas importaban. La condición de aquellos con los que tenía afinidad importaba. Importaba porque algo necesitaba ser arreglado y él era quien fue impulsado a actuar.

Cuando suceden cosas similares en nuestras vidas, nos damos cuenta de que a veces los sueños inesperados nacen de la necesidad. El desafío radica en que no siempre tenemos conocimiento de algunos de los cambios considerados necesarios fuera de nuestro lugar de confortable hasta que nos exponemos a ellos. Además, no siempre nos exponemos a cambios tan necesarios hasta que salimos de nuestro lugar de complacencia.

Antes de profundizar en la singular tarea de Nehemías, observa el impulso inesperado que cambió el curso de la vida de Jonathan (su nombre ha sido cambiado por anonimato). Jonathan aceptó una invitación que hice a un grupo de hombres para unirse a mí en un viaje de conferencia al extranjero. Ahora debo ser completamente transparente aquí. La verdad es que cuando viajo para conferencias no soy alguien que le gusta "relaciones de alto mantenimiento". No quiero tener que cuidar de aquellos que viajan conmigo ni lidiar con ningún tipo de drama que a menudo surge cuando los grupos viajan juntos. Ya lo puedo escuchar: "Alguien tiene demasiado peso en el equipaje" o "alguien se acaba de retrasar en el punto de control de seguridad del aeropuerto". No manejo bien esas circunstancias (por favor, no me juzgues; Dios aún está trabajando en mí). En su lugar, me concentro en la tarea que tengo ante mí, en las personas a las que hablaré y en el mensaje que estoy a punto de predicar. No obstante, decidí abrir este evento a quien quisiera asistir.

Jonathan, junto con otros cuatro hombres y yo, llegamos al aeropuerto en lo que parecía ser un viaje sin problemas. Eso fue hasta que noté que Jonathan estaba observando cada uno de mis movimientos. Si no lo supiera mejor, habría dicho que pensaba que era mi guardaespaldas personal (por cierto, no tengo guardaespaldas).

Entonces, ¿adivina lo que estoy pensando? ¡Exacto! Estoy pensando: "¡Aquí vamos! ¡Esto está comenzando a convertirse en una relación de alto mantenimiento!". A pesar de eso, ignoré mi evaluación personal de él y seguí con mis asuntos, tratando de ignorar la proximidad y el comportamiento de imitación de Jonathan. Esto continuó hasta nuestro destino, momento en el cual me sentí agradecido de que no seríamos compañeros de habitación.

Durante todo el viaje, el grupo de hombres que viajaba conmigo y yo participamos en todo tipo de conversaciones. Los temas variaban desde deportes hasta espiritualidad, vida familiar, vida laboral y, curiosamente, sueños de tamaño divino. Durante una de nuestras conversaciones, recuerdo haber compartido historias sobre los cambios que habían tenido lugar en mi vida, lo que me llevó a lograr muchas cosas y a dirijir mi familia de maneras que nunca había experimentado antes. A lo largo de todo eso, noté una mirada en blanco de Jonathan.

Se suponía que debía hablar la noche de nuestra llegada, dejándonos tiempo libre durante el día siguiente antes de tener que hablar de nuevo esa noche. Durante nuestro tiempo libre, uno de los miembros de mi equipo y yo pasamos por la habitación de Jonathan para invitarlo a él y a algunos de los otros hombres a un juego de baloncesto. Aunque el baloncesto no es mi deporte favorito, pensé que el ejercicio bajo el sol de la isla nos haría bien. Dos de los varones nos invitaron a entrar mientras recogían sus cosas. En un giro inesperado de acontecimientos, Jonathan dijo: "Oye, pastor Charles, ¿puedo compartir algo contigo?". Antes de que pudiera responder, dijo: "Necesito disculparme".

"¿De qué necesitas disculparte?", le pregunté.

"Necesito disculparme por mi comportamiento", respondió rápidamente. Y sin duda alguna, comenzó a describir el mismo comportamiento que me había preocupado desde que llegamos al aeropuerto. Habló de su proximidad a mí, la imitación de cada uno de mis movimientos y sus miradas silenciosas mientras compartía mis historias personales. De repente, sin previo aviso, con lágrimas corriendo por sus mejillas, dijo: "¡Sé, sin lugar a dudas, que tenía que acompañarte en este viaje!".

Incómodamente pensé: ¿A dónde va esto?

Mientras intentaba recuperar la compostura, dijo: "Esta es mi primera vez viajando así. Nunca he volado antes. Así que me pregunté a mí mismo, ¿cómo sigo sus pasos sin hacer tantas preguntas o interrumpir su enfoque? Entonces decidí hacer lo que tú hicieras".

"Está bien—pensé—pero ¿por qué estás llorando?".

Como si pudiera escuchar mis pensamientos, siguió explicando cómo, aunque era un hombre adulto, casado durante trece años y con una carrera sólida, no podía evitar verme como una figura paterna. Como tal, había pasado el último día y medio reflexionando sobre mis historias. Tanto es así que comenzó a soñar con lo que sucedería si emulaba algunas de las cosas que Dios había usado para sacarme de mi propia conformidad y complacencia.

"He estado casado durante trece años y nunca he llevado a mi familia de vacaciones", admitió. "He sido una criatura de hábitos, viviendo en la complacencia y con miedo de soñar sueños de tamaño divino", continuó admitiendo. "¡Pero al escucharte hablar, algo ha cobrado vida en mí! Cuando regrese a casa, debo hacer algunas cosas que cambiarán el curso de las generaciones futuras", sugirió con firmeza. Y así lo hizo.

Un mes después, Jonathan sorprendió a su familia con unas vacaciones soñadas que nunca habían experimentado. Continuó soñando sueños de tamaño divino y expandió su capacidad comprando propiedades de inversión, ayudando a su esposa a convertirse en empresaria y cambiando la trayectoria de sus generaciones futuras.

Cuando pienso en Jonathan, no puedo evitar pensar que, a menudo, los tipos de sueños que nos sacan de la complacencia nacen del quebrantamiento. Para Jonathan, sus nuevos sueños nacieron de desafíos generacionales demasiado extensos para articularlos en esta historia.

En un instante, como Nehemías, Jonathan fue impulsado a la acción al escuchar UNA historia, pero una con consecuencias que llegaban mucho más allá de él mismo. Si hubiese respondido al llamado de esa convicción, su familia pagaría por su inacción. Jonathan dio un salto a la acción, salió de su lugar de confort y complacencia, e implementó cambios que cambiarían para siempre el curso de las generaciones futuras.

> **Los sueños sin acción pueden convertirse en pesadillas.**

¿Puedes imaginarlo? En un momento Nehemías está sirviendo en la comodidad de un palacio, y al siguiente está organizando el proceso de financiamiento y la construcción de las murallas de una ciudad. ¿Por qué? Porque escuchó una historia. Una historia de personas que habían pasado por la opresión y que habían sido liberadas de sus captores, pero todavía vivían entre ruinas en su tierra natal. ¿Te lo imaginas? No vives en cautiverio (eres "libre"), pero aún vives en medio de ruinas hasta que la comodidad de otra persona es sacudida por un sueño de tamaño divino que cambiará el curso de tu vida para siempre. Sin embargo, los sueños por sí solos no transforman la realidad. Los sueños inesperados exigen resiliencia. Nehemías sabía que si esos sueños iban a convertirse en realidad, tenía que planificar meticulosamente, movilizar recursos y reunir personas. Sabía que los sueños sin acción pueden convertirse en pesadillas.

¿Qué de ti? ¿De qué lugares de confort y complacencia quiere sacarte Dios para darte sueños que cambiarán el curso de tu vida para siempre? No minimices los sueños de Jonathan porque eran personales, familiares y prácticos. ¡No! Sirven como recordatorio de que el curso de las generaciones futuras puede transformarse porque personas como tú y yo decidimos estar completamente presentes y escuchar el sonido desconocido de sueños y visiones resonando en el ambiente, que buscan permear nuestra alma e impulsarnos a hacer cambios. Nos impulsan a soñar más en grande y a imaginar una vida mucho más gratificante que nuestro *statu quo*. Nuestros hijos no tienen que conformarse con nuestra complacencia. Nuestras futuras generaciones no tienen que heredar nuestros errores, nuestras caídas o nuestros fracasos. En cambio, pueden convertirse en receptores de nuevos comienzos que no se comparan con los desafíos que hemos pasado.

> **Nuestros hijos no tienen que conformarse con nuestra complacencia.**

Para Nehemías, las murallas que se propuso construir fueron completadas en cincuenta y dos días. Enfrentó fatiga, dudas y miedo. Sin embargo, siguió adelante. Jerusalén se mantuvo erguida una vez más, eso fue un testimonio de fe inquebrantable y esfuerzo incansable. Así que, por favor, déjame recordarte que tus sueños inesperados te esperan. Ya sea que estés reconstruyendo murallas o reescribiendo historias, recuerda el legado de Nehemías. Abraza lo inesperado, porque ahí reside tu destino.

MALENTENDIDO

"Ser malinterpretado a menudo es parte del proceso".
—C. Olmeda

"Nunca pierdas tu tiempo explicando quién eres a personas que están comprometidas a malinterpretarte".
—Autor desconocido

L os sueños gigantescos—sueños de tamaño divino—a menudo vienen con una visión que trasciende lo ordinario y desafía el *statu quo*. Estos son los sueños que hablan de cambio, de hacer algo significativo, de impactar el mundo de maneras que la mayoría de las personas ni siquiera pueden imaginar. Pero con tales sueños grandiosos viene la inevitable realidad de ser malinterpretado.

La malinterpretación es un hilo común en las interacciones humanas que a menudo conduce a conflictos y alejamiento. Puede surgir de diferencias en la comunicación, la percepción o simplemente en la forma única en que los individuos procesan y comparten sus pensamientos y visiones internas. La historia de José es un ejemplo profundo de cómo ser malinterpretado puede llevar a consecuencias terribles, pero también allanar el camino hacia la redención, y un propósito mayor.

En este mismo sentido, los celos son una emoción compleja que surge cuando el éxito o las aspiraciones de otra persona amenazan nuestro propio sentido de valía o posición. Cuando presentas un sueño que es grande y aparentemente inalcanzable, puede hacer que otros se sientan pequeños o inadecuados, lo que lleva a la envidia. Es posible que no comprendan la profundidad de tu visión o la fe que la alimenta, y en su malentendido, pueden responder con escepticismo o incluso hostilidad.

EL TIEMPO ES TU MEJOR AMIGO

Nunca olvidaré estar sentado en mi oficina cuando uno de los miembros principales de mi equipo llamó a la puerta. Antes de que pudiera decir "adelante", irrumpió sin dudarlo y exigió: "¡Tienes que hacer algo!". Por la expresión preocupada en su rostro, lo que sea que estuviera mencionando parecía bastante serio.

"¿De qué rayos estás hablando?", respondí rápidamente.

Él replicó: "Tu carácter e integridad están en riesgo de ser mancillados si no respondes a las acusaciones". La verdad es que no tenía idea de lo que estaba hablando hasta que lo ayudé a calmarse para que pudiera explicarse.

En aquel tiempo, junto con mi esposa, era un pastor relativamente nuevo de una pequeña congregación que había superado un espacio compartido con otra congregación en una ciudad diferente. Sin embargo, ahora estábamos en un lugar que podíamos llamar nuestro en otra ciudad. Esto fue por providencia divina, y mediante la incansable búsqueda que hizo mi esposa, cuya resiliencia y fe condujeron a la adquisición de un edificio treinta veces más grande que el espacio que estábamos alquilando.

Sin que yo lo supiera, un líder de una iglesia cercana había comenzado a difundir rumores sobre por qué nuestra iglesia estaba creciendo rápidamente. Rumores que, en retrospectiva, eran grotescos. Era difícil entender cómo alguien podría creer tales exageraciones, y menos aún sobre dos individuos que este líder nunca había conocido. No puedo atestiguar que sus rumores fueran parte de una conspiración mayor, para dar crédito a su congregación. Sin embargo, aquí estábamos. Como alguien que corta una almohada de plumas en la cima de una montaña en un día de mucho viento, sus rumores se habían esparcido por todas partes y ahora eran difíciles de detener.

Cuando el miembro del equipo me instigaba a hacer algo, rápidamente respondí como si fuera dirigido por una dirección divina: "¡Detente! ¡Déjalo en paz! ¡El tiempo es nuestro mejor amigo!"

"Pero, Pastor...", continuó.

"Por favor, confía en mí. ¡Déjalo en paz! ¡El tiempo es nuestro mejor amigo!", dije.

Por la expresión en su rostro, sabía que pensaba que mi decisión era errónea. Sin embargo, dejó el tema y se alejó.

Unos tres meses después, un grupo de trece o catorce líderes, incluido yo y el líder que había irrumpido en mi oficina, entramos en un restaurante no muy lejos de nuestra nueva propiedad. Mientras nos sentábamos, ¿a quién vi al otro lado de la sala? Nada menos que al líder de la iglesia cercana que había difundido rumores infundados sobre mí, mi esposa y nuestra congregación. Tan pronto como nos sentamos, lo vi levantarse de su mesa y dirigirse hacia donde estábamos sentados. Yo estaba en la cabecera de la mesa, y a mi derecha estaba el miembro del equipo que había querido que abordara los rumores. El líder de la otra iglesia, sin pedir ningún permiso, se acercó a nuestra mesa, caminó hasta donde yo estaba sentado y se arrodilló, como si fuera a decir algo tanto al miembro del equipo como a mí.

Recuerda, que un corazón resentido, lleno de amargura y falta de perdón, nos afecta más a nosotros que al ofensor. Mientras se arrodillaba, pensé: "¡Este tipo tiene nervios de acero!". Tal vez debería haber seguido la insistencia de mi miembro del equipo y haber dicho algo cuando tuve la oportunidad.

Sin embargo, mientras un pensamiento tras otro pasaba por mi cabeza, el hombre se inclinó y dijo: "Perdón por interrumpir su cena, pero cuando los vi entrar, no pude dejar pasar otro minuto sin venir a disculparme". Procedió a compartir cómo había hablado de temas que no entendía y permitió que su miedo a la competencia sacara lo peor de él... tanto que casi saboteó su propio ministerio. Pude sentir un genuino arrepentimiento mientras se disculpaba. Sin dudarlo, acepté su disculpa, me levanté de mi asiento, le di la mano y se fue.

Cuando me senté, el miembro de mi equipo me miró y dijo: "Gracias a Dios no luchaste esa batalla. El tiempo fue, de hecho, nuestro mejor amigo".

El perdón es clave para avanzar. Un corazón resentido, lleno de amargura y falta de perdón, nos afecta más a nosotros que al ofensor. Tiende a colocarnos una carga emocional innecesaria que detiene nuestro progreso. Alguien dijo una vez que la falta de perdón es como elegir quedarse atrapado en una celda de amargura y cumplir condena por el crimen de otra persona. ¡Perdona!

Esto te permitirá avanzar y ver el cumplimiento de los sueños de tamaño divino.

Mientras el líder de la otra iglesia se alejaba, me preguntaba si entendía que al mudarnos a ese lugar cercano, como José, nuestros sueños no eran solo aspiraciones personales; eran revelaciones de un futuro que Dios había ordenado. Los hermanos de José—incapaces de entender o aceptar el origen divino y la importancia de esos sueños—permitieron que sus celos guiaran sus acciones, lo que llevó a la traición y el sufrimiento de José. Para ellos, las visiones de José eran una amenaza para su propia posición en la familia, una señal de arrogancia, o simplemente fantasías de un hermano menor favorecido.

NO TERMINA ASÍ

Debes entender que ser malinterpretado no define tu valor ni tu futuro. Muestra que, incluso cuando eres mal juzgado, calumniado o maltratado, hay un plan mayor en marcha, uno que usa tus dones y circunstancias únicos para lograr un bien mayor. Es un recordatorio de que el camino para cumplir tu destino puede estar lleno de pruebas, pero también que la perseverancia y la fe pueden conducir a resultados inesperados y triunfantes.

La historia de José no terminó en la desesperación. Tampoco la nuestra terminará así. A pesar de ser malinterpretado y maltratado, José se mantuvo firme en sus sueños dados por Dios. La fe inquebrantable y la perseverancia de José finalmente lo llevaron a una posición de poder e influencia que no solo demostró que sus detractores estaban equivocados, sino que también le permitió salvar innumerables vidas durante una época de hambre.

Mantenerte firme en tus sueños, especialmente cuando son malinterpretados, es un testimonio de tu fe y convicción. Se trata de aferrarte a lo que crees que es tu llamado, a pesar de las dudas y la negatividad que puedan venir de los demás. Se trata de entender que el cumplimiento de tales sueños a menudo requiere un viaje a través de la dificultad y la adversidad, lo que sirve para prepararte y fortalecerte para el papel que estás destinado a desempeñar.

Al igual que José, puedes encontrarte en situaciones donde te sientas malinterpretado. Puedes enfrentar el ridículo, el aislamiento o la traición porque otros no pueden captar tu visión o intenciones. Permite que el viaje de José te anime a aferrarte a tus sueños y confiar en que, con el tiempo, el propósito se revelará no solo para ti, sino también para aquellos que una vez dudaron de ti. Es un llamado a permanecer firme ante la malinterpretación, que a menudo es el crisol en el que se pone a prueba tu carácter y se forja tu propósito final.

> **Los sueños del tamaño de Dios siempre serán recibidos con cierto grado de malentendidos y celos.**

Cuando te mantienes fiel a tus sueños de tamaño divino, encarnas la resiliencia y determinación necesarias para llevarlos a buen término. Te conviertes en la prueba viviente de que los sueños, sin importar cuán grandes sean, son alcanzables. Tu éxito, entonces, se convierte en un faro de esperanza e inspiración para los demás, mostrándoles que lo que puede parecer imposible es simplemente un desafío esperando ser superado. Al perseguir tus sueños, también das un ejemplo de gracia y perdón. Así como José perdonó a sus hermanos, entendiendo que sus acciones eran parte de un plan mayor, tú también puedes elevarte por encima de la mezquindad de los celos y ofrecer compasión. Esto no solo sana viejas heridas, sino que también allana el camino para que otros se unan a tu visión, transformando a los escépticos en aliados.

Los sueños del tamaño de Dios siempre serán recibidos con cierto grado de malentendidos y celos. Es una respuesta natural a algo que desafía la norma. Pero al mantenerte firme en tu búsqueda, validas el valor de tus sueños. Demuestras que con fe, perseverancia y un corazón dispuesto a perdonar, lo que otros ven como una locura puede convertirse en una realidad que beneficie a muchos. Tu viaje, entonces, se convierte en una poderosa narrativa de triunfo sobre la adversidad, una historia que alentará a otros a atreverse a soñar igual de grande.

Ten cuidado: elegir avanzar con un sueño de tamaño divino y una visión de tamaño divino es un negocio arriesgado. No esperes experimentar el cumplimiento de tales sueños y visiones grandiosas que trascienden el *statu quo* sin algunos obstáculos, giros y vueltas en el camino.

EL TIEMPO ES TU MEJOR AMIGO

"No es 'si' tus sueños se cumplirán, sino 'cuándo'".
—C. Olmeda

"La lección más importante que aprendí es que primero tienes que soñar y luego debes creer en tus sueños. Esa es la única manera de que se hagan realidad".
—Caroll E. Spinney

A lo largo de estos últimos capítulos, has navegado a través de la emocionante posibilidad de un sueño emergente, una visión de lo que está por venir. Al igual que Abram, la visión es tan grandiosa que el resultado de lo que produces no se puede contar. El sueño es tan vívido que te visualizas a ti mismo de pie en la majestad de su plenitud. Sin embargo, en lo que parece ser un abrir y cerrar de ojos, te preguntas: ¿Fue esto real? ¿Fue el sueño un producto de mi imaginación? ¿La visión fue tan grandiosa que quizá —solo quizá— soñaste con tener mayores habilidades de las que tienes actualmente, aunque sea por un momento? Tanto que, incluso si tu capacidad aumentara, seguirías aspirando a algo inalcanzable. Encuentro que estos pensamientos suelen surgir cuando los contratiempos se infiltran y tratan de sabotear nuestros sueños. Cuando eso sucede, déjame recordarte que el tiempo es tu mejor amigo o tu peor enemigo. ¡El tiempo revela todas las cosas!

Piensa en nuestro protagonista, José. Se despierta, y antes de que sus pies toquen el suelo, ya está contemplando lo rápido que puede reunir a sus hermanos y compartir la magnitud de su sueño con ellos. Sin embargo, después de dos rondas de compartir lo que sus hermanos consideraban una representación narcisista de un sueño sin fundamento, José ahora se encuentra cayendo en picado hacia un pozo sin esperanza. Tal vez José fue presuntuoso al compartir su sueño; y de la misma manera, tal vez sus hermanos deberían haber considerado su conexión familiar con José en lugar de permitir que un sueño aún no cumplido los amenazara. De cualquier manera, en cuestión de momentos, lo que era potencialmente un sueño alcanzable ahora se siente fuera de alcance. Esa es tanto la belleza como el perjuicio del tiempo. Para todos nosotros el tiempo fluye a veces suavemente y otras veces de manera turbulenta. En el proceso, tus sueños enfrentan erosión, el desgaste lento del entusiasmo y los contratiempos que golpean. Aquí es donde la persistencia se convierte en tu aliada.

> **Los obstáculos no son barreras; son peldaños.**

¿Por qué persistir? Porque, como Abram, fuiste creado para algo más grande de lo que has experimentado a través de tus propios esfuerzos. Como José, madurarás hasta convertirte en la persona que posee todas las cualidades y calificaciones necesarias para desempeñar tu papel en el cumplimiento del sueño. El arquitecto de la vida soñada sabe que el progreso no es lineal. Es el compromiso inquebrantable de seguir esculpiendo, seguir construyendo, seguir escribiendo, seguir saltando, aun cuando el tiempo parece estar en tu contra.

Para José, el tiempo era implacable e imparcial y puso obstáculos en su camino. Para muchos de nosotros, la salud decae, las relaciones se tensan y los recursos disminuyen. Sin embargo, el soñador persiste. Escalamos montañas de dudas, atravesamos valles de miedo y tendemos puentes sobre abismos de incertidumbre. Aprendemos que los obstáculos no son barreras, sino peldaños. Nos moldean y fortalecen nuestra determinación.

EMPUJADO HACIA EL DESTINO

¿Recuerdas al soñador en el capítulo dos que dibujaba casas, muebles y vacaciones lujosas solo porque su niñera disfrutaba alimentar sus sueños? ¿Lo recuerdas? ¡Sí, ese era yo! Y debo admitir que en los rincones tranquilos del corazón de ese niño de ocho años, los sueños echaron raíces. Inicialmente se sentían como fantasías, aventuras que se extendían más allá del patio de la escuela. A medida que crecí, se volvieron más realistas. Pero la vida, implacable e inflexible, tenía otros planes.

Los sueños se convirtieron en pesadillas. Siendo un niño en edad escolar con una sola ceja y a menudo vestido con pantalones de vestir y zapatillas, lo que debería haber sido una ráfaga de libertad para salir pacíficamente del edificio escolar y disfrutar de la vida se convirtió en una carrera por mi vida. Desde que tengo memoria, me convertí en el niño débil al que los matones atacaban. Mis padres no eran personas que se involucraran en ningún tipo de confrontación. Mi papá era un ministro bivocacional y conductor de camiones, y mi madre era ama de casa. Entre las responsabilidades en la carretera de mi papá y sus deberes ministeriales, la única otra persona en la que podía encontrar refugio era mi madre. Sin embargo, con su alma gentil, su manera suave de hablar y su profundo temor de Dios, nunca promovió la violencia o siquiera la defensa propia. Entonces, por defecto, hice lo único que sabía hacer... ¡correr!

Año tras año, los matones aparecían, asimismo sus burlas como tormentas eléctricas y sus mofas como dagas penetrantes. ¡El soñador ahora se convertía en el objeto de su burla! Incluso mientras escribo, me viene a la mente lo abrumadoras que eran algunas de mis acciones, como escapar a mi único lugar seguro—mi hogar—y acostarme a dormir cada momento que tenía disponible. Según la clasificación de la psicoterapia actual, esas acciones podrían etiquetarse como depresión. ¡Tal vez lo eran! No podría decirlo con certeza. Pero hay algo que sí puedo decirte: seguí soñando sueños de tamaño divino. En ese momento tal vez fueron una forma de escape. En retrospectiva, fue la manera en que Dios me catapultó hacia el destino.

> **Mientras tuviera un sueño, alcanzaría las estrellas, aunque tuviera que arrastrarme por el lodo primero.**

En mi soledad, a menudo decía: ¡Un día...! Me animaba a mí mismo diciendo que algún día les daría su merecido a uno de los matones (esa es una gran historia para otro momento). Cuanto más crecía, más precisas se volvían mis declaraciones. Un día los haré quedar en ridículo. Un día mi éxito hablará por sí solo. Años después, me daría cuenta de que Dios me había regalado una comprensión del papel que juega el tiempo. Durante ese período, el tiempo fue tanto mi mejor amigo como mi peor enemigo. Mi mejor amigo porque la búsqueda de algo más grande que mi circunstancia actual se convirtió en la conocida zanahoria colgante que ofrecía un indicio de esperanza; y mi peor enemigo porque el dolor tiende a oscurecer los sueños. Entonces, ¿cómo es que una persona navega por tales paralelos si no es confiando en el Dador de Sueños y persistiendo a pesar de la adversidad?

¿Qué encrucijadas te has encontrado? ¿Qué «matones de la vida» han intentado destrozar tus sueños hasta hacerlos inexistentes? Como líder de líderes, y como líder con un corazón para orientar a la próxima generación de transformadores del mundo, no puedo decirte cuántas historias he escuchado sobre obstáculos y contratiempos. Desde fracasos personales y morales hasta desafíos de salud; desde divorcios y quiebras hasta la pérdida de seres queridos; desde depresión y ansiedad hasta el deseo de acabar con todo, las personas han experimentado cosas inimaginables que a menudo oscurecen cualquier sentido de un sueño de tamaño divino. A pesar de los desafíos, no te detengas ahora. El tiempo es tu mejor amigo.

> **Los sueños sin acción siguen siendo solo humo. ¡Tuve que actuar! ¡TÚ debes actuar!**

En mi caso, dominé el arte de ignorar. Las palabras de los matones se convirtieron en ecos lejanos. Cada insulto alimentaba mi determinación. Mientras tuviera un sueño, alcanzaría las estrellas, aunque tuviera que arrastrarme por el lodo primero. Al reflexionar sobre mi vida, me doy cuenta de que los golpes de los matones no pudieron herir mi imaginación. Mis sueños—mis visiones—se convirtieron en mi armadura. Al entender el origen de mis sueños, me di cuenta de que estaba cubierto con la armadura de mi Creador.

En una carta a los Efesios, el apóstol Pablo les exhorta a "ponerse toda la armadura de Dios, para poder mantenerse firmes contra todas las estrategias del diablo" (Efesios 6:11, NTV). A medida que la armadura protegía mi vida, los sueños se convertían en vida.

El niño se convirtió en hombre y, como barro en las manos de un alfarero, los sueños tomaron forma. Eran demasiado grandiosos para ser heridos por matones sin sentido y llenos de inseguridad, que probablemente buscaban aprobación y estatus a través de un falso sentido de poder. Cuanto más pasaba el tiempo, más claros se volvían los sueños.

Cuanto más claros se volvían los sueños, más acción se me exigía.

Encerrarme en posición fetal para escapar de mi realidad no ofrecería un escape verdadero. Los sueños sin acción siguen siendo solo humo. ¡Tuve que actuar! ¡TÚ debes actuar! La acción es el catalizador para el cumplimiento. A medida que pasaban los años, actuaba. Me inscribí en el coro, el conjunto vocal y las clases de teología, y obtuve mi certificación como técnico en emergencias médicas... todo antes de los diecisiete años. Cuanto más avanzaba, más oportunidades se presentaban. Una puerta llevaba a otra... que llevaba a otra... y a otra más. Rápidamente aprendí que, a medida que actuamos, caminos no previstos se vuelven visibles, y la resiliencia se convierte en el catalizador del impulso.

> **Los acosadores pueden burlarse, pero el cumplimiento del sueño te espera a lo lejos, animándote.**

¿No fue ese el caso de nuestro protagonista José? En un momento el tiempo se presentaba como un enemigo que intentaba disipar la esencia de sus sueños. Al momento siguiente, el tiempo se levantaba con esperanza y maravilla, haciendo que las acciones de sus matones sirvieran como catalizador para la siguiente fase de sus sueños. En cualquiera de las situaciones, el tiempo ayudó a definir su vida. A medida que pasaba el tiempo, José se dio cuenta de que la vida soñada no era estática. Como José, debemos llegar a la misma realización. El tiempo es nuestro compañero silencioso que nos guía a través de picos y valles, tejiendo nuestros sueños en una realidad intrincadamente tejida hasta que veamos su cumplimiento, si no nos rendimos.

Así que, compañero soñador, mantente firme. Los acosadores pueden burlarse, pero el cumplimiento del sueño te espera a lo lejos, animándote. Su plenitud se convertirá en tu legado. Antes de que te des cuenta, Dios te pondrá una mesa en presencia de tus enemigos (Salmos 23:5). He experimentado esto a lo largo de los años. En una cultura de acceso global, las redes sociales se han convertido en el microscopio que amplifica el progreso de muchos. Como tal, me he cruzado con muchos de los estudiantes familiarizados con mi viaje, solo para que se den cuenta de que, en lugar de haber sido empujado a la desesperación por los matones, fui empujado hacia el destino.

CUANDO EL FRACASO SE CONVIERTE EN PARTE DEL PROCESO

"El éxito no es definitivo; el fracaso no es fatal... lo que cuenta es la valentía para continuar".
—Winston Churchill

¡Tic, tac! ¡Tic, tac! ¡Tic, tac! El proverbial reloj está corriendo y tus sueños se han convertido en un recuerdo distante. No porque los hayas olvidado intencionalmente, sino porque el tiempo los ha arrastrado hacia el olvido. En este punto comienzas a dudar si tu sueño fue realmente un sueño de tamaño divino. O tal vez eso es exactamente lo que era: un sueño de tamaño divino para el cual no estabas preparado ni equipado. Si eres como yo, pensamientos como: *¿Acaso Dios se ha olvidado de mí?* o *¿cómo* *puede este sueño hacerse realidad considerando mi circunstancia actual?*, se convierten en la norma más que en la excepción. Es en esta encrucijada donde el fracaso se cuela como una serpiente deslizándose a través de las grietas de la duda y la desesperación. Cuando esto sucede, ¿qué harás?

¿Cómo puede algo que antes se sentía tan bien ahora sentirse tan mal? La transición entre la primera dimensión (sueños/visiones) y la segunda dimensión (fracaso/traición) *llegará*, ¡así que debes esperarla! No hay una manera fácil de decirlo. ¡Espérala! Sin embargo, también debes saber que no es donde terminan tus sueños y visiones. ¡Hay más!

Recuerda a nuestro famoso protagonista Abram. Así es, el que tenía una promesa multigeneracional tan grandiosa que incluso si intentaba contar sus bendiciones, perdería la cuenta una y otra vez. Sí, el hombre era tan avanzado en edad que pensar en tener un hijo debería haber estado fuera de toda consideración. Y para complicar las cosas, su esposa también estaba fuera de la edad fértil... por décadas, ni siquiera por años. Entonces, ¿por qué Sarai sugirió a su esposo Abram: "Ve y acuéstate con mi sierva; quizá yo pueda tener hijos por medio de ella"? (Génesis 16:2, NTV). Esto parecía ser la alternativa obvia para tener un hijo, considerando su aparente incapacidad para tener hijos.

Podría analizar la sugerencia de "Ve y acuéstate con mi sierva" en varias páginas en un intento de entender el proceso de pensamiento de Sarai, pero no lo haré. Mi enfoque, en cambio, es la palabra ´"tal vez": "¡Tal vez pueda tener hijos a través de ella!" ¿Por qué? Porque muchos de nosotros somos como Sarai, ¿no es así? Nos volvemos impacientes cuando no entendemos el cronograma de la visión o el sueño de tamaño divino incrustado en nosotros.

¿Cuántas personas han retrasado el cumplimiento de sus sueños, la realización de una visión, porque han tomado las cosas en sus propias manos? Algunos han abandonado o abortado sus sueños porque la demora fue demasiado extensa. "Mis finanzas no van muy bien, ¡así que tal vez pueda pedir prestado dinero como una solución fácil!" "Mi relación está pasando por problemas, ¡así que tal vez pueda encontrar a alguien más que me haga feliz!" "Mi negocio no es tan rentable como creo que debería ser, ¡así que tal vez pueda tomar algunos atajos... hacer un poco de trampa y mentir un poco! ¿Quién lo sabrá?". Estas preguntas y muchas más similares se convierten en sugerencias demasiado familiares cuando el cumplimiento de una visión parece estancado.

> **Debemos tener cuidado porque las medidas desesperadas a menudo provocan consecuencias no deseadas.**

Como Abram, el peso de las expectativas no cumplidas a menudo nos presiona y la duda se infiltra. Cuando eso sucede, el anhelo por un sueño cumplido, la realización de una visión, choca con la impaciencia. En un instante, lo que una vez fue un faro de esperanza se convierte en una maraña de confusión. ¿Cuántos de nosotros, como Abram, en lugar de esperar el tiempo de Dios, buscamos cumplir la promesa a nuestra manera? Este acto de intentar manipular un plan divino llevó a conflictos y turbulencias dentro del hogar de Abram. ¡Sarai se volvió resentida! Hagar, la sierva de Sarai, quien ahora ha dado a luz al hijo de Abram, enfrenta maltrato. A pesar del cumplimiento temporal de un deseo de progenie, las consecuencias de este fracaso fueron profundas.

Como Hagar, otros pueden encontrarse en una maraña de desafíos debido a decisiones prematuras. ¿Alguna vez has escuchado el adagio "los tiempos desesperados exigen medidas desesperadas"? Bueno, debemos tener cuidado porque las medidas desesperadas a menudo provocan consecuencias no deseadas. En la red de desesperación, podemos arrastrar a cónyuges, hijos, amigos o compañeros de trabajo a nuestro desorden y enredarlos en las consecuencias de decisiones que ellos no tomaron. El efecto desbordante de nuestras decisiones puede tener consecuencias graves.

El fracaso no siempre es el resultado de circunstancias externas o mala suerte; a veces surge de nuestras propias deficiencias morales. Desafortunadamente, lo he experimentado varias veces en mi vida. Quizá tú también lo hayas hecho. Se necesita una persona sin brújula moral para no sentir el peso debilitante de las secuelas del fracaso. Se han roto relaciones por fracasos personales. Matrimonios han terminado en divorcio por fracasos personales. Negocios y ministerios por igual se han disuelto por fracasos personales.

Con demasiada frecuencia, una pérdida de tiempo, recursos y estabilidad emocional sobreviene cuando el fracaso invade nuestro viaje hacia el cumplimiento de una visión. Cuando eso sucede, una devastación desgarradora puede paralizar nuestros esfuerzos para seguir adelante. Entonces, ¿qué harás? ¿Sucumbirás a la dolorosa realidad de que tu sueño dado por Dios ha sido interrumpido por nadie más que tú mismo? ¿Cederás a la idea de que el impulso hacia el cumplimiento de tu visión ha perdido velocidad? ¿O te atreverás a reconocer que el sueño es demasiado grande, y la visión es demasiado grandiosa, para que las limitaciones personales lo aborten? Recuerda que nunca se trató de un sueño que pudieras cumplir con tu propio esfuerzo. Nunca se trató de una visión que pudiera materializarse al involucrar *tu* aptitud personal. El sueño es más grande que tus esfuerzos limitados. La visión es mayor que tus limitaciones humanas.

LECCIONES DEL FRACASO

Hay otro factor a considerar cuando has sucumbido a una acción que conduce al fracaso. La pregunta no es "¿cuán devastadoras fueron las ramificaciones de mis fracasos?". Descender por el doloroso camino de la memoria de los actos impropios puede tener efectos emocionales duraderos y mantenerte estancado. Así que ten cuidado con pasar demasiado tiempo sumergiéndote en el dolor. ¿Por qué no aprender de esos fracasos y hacer un inventario de lo que necesita cambiar para que esas acciones no se repitan? El doloroso aguijón del fracaso debe ser lo suficientemente fuerte como para recordarte que la decisión que tomaste puede no haber sido la correcta, pero también debe crear suficiente incomodidad para hacer los cambios necesarios y que esas acciones no se repitan.

Créeme, no estoy exento de este proceso de crecimiento de prueba y error. Una noche, mientras trabajaba en mi disertación para mi título de doctorado, trabajé hasta altas horas de la noche. Después de un segundo impulso, vi el amanecer mientras los brillantes rayos del sol atravesaban mi ventana. Mientras contemplaba la locura de haber trabajado toda la noche, me pregunté: *¿Vale la pena?* Añadiendo a ese sentimiento melancólico estaba el pensamiento de cómo había hecho sacrificios y no pasar tiempo con amigos ni participar en actividades que sabía que disfrutaría profundamente. Tan rápido como esos pensamientos inundaron mi mente, fui sacudido por un recuerdo distante de una oportunidad perdida que llegué a lamentar.

Más de veinte años antes de ese momento, estaba tomando dos años de español y un año de francés en la escuela secundaria. Al final de una de mis clases de español, me presentaron la oportunidad de reunirme con mi profesor de español un sábado por la mañana y hacer un examen que me aseguraría una beca para España durante el verano siguiente. Estaba programado para la el examen, cuando recibí una llamada de un amigo la noche anterior invitándome a pasar el fin de semana con unos amigos en el norte del estado de Nueva York. Su retórica convincente y su lista de razones de por qué tendría otras oportunidades fueron suficientes para atraerme a seguir ese comportamiento ridículo y lamentable. ¿Cómo pude haber dejado pasar un semestre en España por un fin de semana de placer sin sentido?

Pagas ahora y juegas después, o juegas ahora y pagas después, pero tarde o temprano tienes que pagar.

Volví a clase la semana siguiente, y a medida que el dolor de una oportunidad perdida se asentaba, traté de encontrar todas las razones justificables para apaciguar mi conciencia. Ninguna de ellas funcionó. No había tomado la decisión correcta y lo sabía. Ahora tenía que vivir con el arrepentimiento o aprender de mi mala decisión. Aprendí rápidamente que lo que no controlas, eventualmente te controlará. O aprendía a controlar mis deseos de vivir el momento, o ellos me controlarían a mí. Aprendí que en la vida pagas ahora y juegas después, o juegas ahora y pagas después, pero tarde o temprano tienes que pagar. Tienes que pagar con tiempo, esfuerzo, recursos y sacrificios para mantenerte enfocado y ver que tus sueños de tamaño divino se hagan realidad, o perderás tu vida jugando y luego pagarás el doloroso precio de tiempo perdido y oportunidades perdidas.

En ese momento, salí de mi estupor de arrepentimiento. Mientras los rayos del sol brillaban a través de mi ventana, tuve que recordarme: *Charles, estás familiarizado con el aguijón del fracaso. ¡Así que paga ahora y juega después! Cuando obtengas tu título, podrás disfrutar de la recompensa de saber que el pasado ya no sirve como un peso de arrepentimiento, sino como un trampolín hacia mejores decisiones y oportunidades dadas por Dios.*

Puedo enumerar una lista de malas decisiones, deficiencias y fracasos evidentes que he soportado a lo largo de mi vida. Desde decisiones financieras y empresariales hasta la mala gestión del tiempo y desafíos relacionales, seré el primero en decirte que ninguno de nosotros está exento de decisiones que hemos llegado a lamentar. Sin embargo, *tuve* que decidir. ¿Descenderé por la espiral del remolino del arrepentimiento y repetiré las mismas acciones una y otra vez? ¿O permitiré que mis fracasos sirvan como un trampolín hacia una nueva acciones de decisiones y prácticas que transformen mis fracasos en lecciones?

Uno de los aspectos más tristes de observar es a personas que han fracasado debido a malas decisiones y continúan repitiendo las mismas prácticas una y otra vez. A menudo se involucran en los mismos comportamientos y, como la definición clásica de locura, siguen haciendo lo mismo una y otra vez mientras esperan resultados diferentes. ¿Has estado ahí? ¿Te encuentras en la conocida rueda de hámster de fracasos interminables? Odio ser el portador de malas noticias, pero déjame recordarte que si nada cambia, entonces nada cambia. El aguijón de tus fracasos pasados debe producir un deseo de cambiar para verte en un lugar mejor. Recuerda lo que dije sobre Abram en el primer capítulo: no saldrás de tu lugar de complacencia hasta que imagines un lugar mejor.

Cuando tengas dudas, recuerda que no estás solo en este viaje personal de aparentes contratiempos. De ninguna manera estoy haciendo excusas para los fracasos personales, ni sugiero que justifiques malas conductas, decisiones de éticas pobres, acciones cuestionables o inmoralidad. Por muchas razones, demasiadas para enumerar aquí, como seres humanos que vivimos en un mundo caído, tendemos a involucrarnos en acciones que a menudo nos desvían de un viaje fluido hacia el cumplimiento de una visión de tamaño divino.

Por ejemplo, piensa en Richard Nixon, el trigésimo séptimo presidente de los Estados Unidos, que experimentó una caída ignominiosa debido al escándalo de Watergate. Su participación en actividades ilegales manchó el cargo más alto de la nación. Sin embargo, la resiliencia de Nixon se manifestó durante sus años pospresidenciales. Escribió libros, se involucró en la diplomacia y trabajó hacia la reconciliación. Su capacidad para reconstruir su reputación después de tal fracaso moral es un testimonio de la resiliencia humana.

¿Qué de Lance Armstrong, el célebre ciclista que logró un éxito sin precedentes, pero luego admitió haber consumido sustancias dopantes a lo largo de su carrera? Su caída en desgracia fue rápida y severa. Sin embargo, la resiliencia de Armstrong radica en sus esfuerzos posteriores al escándalo. Cambió su enfoque hacia la defensa del cáncer, recaudando millones para la investigación y el apoyo. A pesar de sus fallos morales, el compromiso de Armstrong con una causa mayor demuestra el poder de la redención.

La lista puede continuar. Steve Jobs, el cofundador de Apple, enfrentó contratiempos profesionales y cometió errores al punto de ser expulsado de su propia empresa. Sin embargo, Jobs regresó con una visión renovada, revolucionando la tecnología y el diseño. Su resiliencia lo transformó en un ícono, recordándonos que el fracaso no tiene que ser el final de nuestra historia.

¿Qué hay de David, el "hombre conforme al corazón de Dios" (1 Samuel 13:14; Hechos 13:22)? ¿Acaso puede empeorar? En lugar de concentrarse en la tarea que tenía entre manos, David descendió por la pendiente resbaladiza de la distracción y llevó a una mujer casada a las cámaras ocultas de la intimidad. Como si eso no fuera lo suficientemente malo, intentó atribuirle el embarazo inesperado a su esposo, quien resultó tener más ética y estar moralmente mas alineado que él. Cuando ese vergonzoso plan se desintegró, David ordenó que lo mataran. No se puede negar que la devastación, el dolor y los efectos a largo plazo de su decisión lo siguieron durante muchos años. Sin embargo, a través del reconocimiento y el arrepentimiento, pudo cumplir los sueños de tamaño divino.

El fracaso no es el final de tu historia, a menos que te rindas a él.

Es en este punto donde debo llamar tu atención hacia el marco de este libro. Lo haré repetidamente como un recordatorio de que debes mirar hacia adelante a la dimensión que sigue, independientemente de en qué dimensión te encuentres. Ninguna dimensión, tal como se establece a lo largo de este libro, dura para siempre. ¿Qué significa eso para ti? Significa que el fracaso no es el final de tu historia, a menos que te rindas a él.

Desafortunadamente estoy familiarizado con numerosos ejemplos de personas cuyo peso del dolor, la vergüenza y el fracaso se volvió tan pesado que sucumbieron a su peso devastador. Algunos eligieron quitarse la vida. Otros abandonaron sus sueños. Sin embargo, otros decidieron vivir la vida simplemente sobreviviendo. A menudo me pregunto si habrían tomado la misma decisión si hubieran entendido qué dimensión se avecinaba en el horizonte. ¿Su resultado hubiera sido diferente si hubieran entendido que el fracaso o sus debilitantes efectos no tenían que ser el final de la historia? ¿Qué pasaría si aprendiéramos de aquellos que vinieron antes que nosotros y nos negáramos a tratar el fracaso como una herida abierta de larga duración? En cambio, permitieron que el tiempo sanara su efecto punzante y regresaron a la comprensión de que su sueño era más grande que su fracaso, y su visión podría volverse más clara que la oscuridad de un error.

Los individuos mencionados aquí, y muchos otros, nos enseñan que los fallos morales y los errores personales no tienen que ser obstáculos permanentes. La resiliencia, la autorreflexión y el compromiso con el crecimiento pueden conducir a la redención y el triunfo. A medida que navegamos por nuestras vidas, que sus historias nos inspiren a elevarnos por encima de nuestras imperfecciones y forjar un camino hacia la grandeza.

CUANDO LA TRAICIÓN SE CONVIERTE EN PARTE DEL PROCESO

"Lo más triste de la traición es que nunca viene de tus enemigos; viene de aquellos en quienes más confías".
—Autor Desconocido

¿**Q**ué pasaría si el fracaso no fuera la única causa de estancamiento? "¡Espera! ¡No fue mi culpa!", exclamas al encontrarte en el extremo receptor de la traición. Para muchos, tal vez incluyéndote, no es el fracaso personal lo que ha detenido tus sueños y tu visión, sino más bien desafíos inesperados como la traición no provocada. En muchos casos, la traición es complicada porque a menudo no proviene de personas en las que no tienes ningún interés. ¡No! A menudo proviene de aquellos más cercanos a ti.

Recuerda a José. Este joven, favorecido por su padre, había recibido una túnica de muchos colores. Entre su apariencia colorida y resplandeciente y sus recién adquiridos sueños, ¡su futuro parecía prometedor! Su destino parecía irrevocablemente entrelazado con la grandeza. A pesar de su camino hacia el éxito, José había pasado por alto una cosa, aunque no por elección propia. La traición de los más cercanos a él no se había calculado en la ecuación hacia el cumplimiento de sus sueños. Sus hermanos, consumidos por los celos ante la interpretación de los recién revelados sueños de su hermano menor, idearon uno de los peores casos de traición que alguien podría imaginar. Su desprecio por José destrozó la confianza familiar, fracturó sus lazos y sumergió a José en lo que puedo imaginar fue un abismo de oscuridad emocional.

Para ti y para mí, la traición se convierte en un viaje en el que nunca nos embarcamos voluntariamente, pero la vida nos lo impone y nos deja parados en la encrucijada entre el sentimiento de lo que es y lo que podría haber sido. Es en esta encrucijada de incertidumbre donde debemos comenzar a aceptar—aunque sea temporalmente—un camino que no elegimos. Como atrapados en un inesperado deslizamiento de lodo, ahora debemos recorrer este sucio y amargo viaje de traición mientras luchamos contra pensamientos de cómo las cosas podrían haber sido diferentes.

Todavía puedo sentir el ambiente en la sala y el dolor en las voces de tantas personas que han pasado por mi oficina y han compartido sus sentimientos de traición. "¡Pensé que me amaba! ¿Cómo pudo hacerme esto?". "¿Cómo pudo estar con alguien más?". "¡Confié en él!". "¡Confié en ella!". "¡Eran miembros de mi familia!".

"¿Cómo pudieron abusar de mí?". "¡Crecimos juntos! ¿Cómo pudo mentirme?". "¡Lo he mentoreado y le di la posición que ha disfrutado! ¿Cómo pudo darme la espalda como si yo no hubiera jugado un papel en su vida?". Las historias son diferentes, pero los sentimientos son los mismos. Un grito desgarrador de confusión, a menudo mezclado con ira y más preguntas que respuestas, tienden a llenar la sala. La verdad es que en esos momentos hay muy poco que puedas decir o hacer para mejorar las cosas. Por lo general, las heridas son demasiado frescas y el dolor es demasiado profundo para que las palabras de consuelo las alivien. Ayudan, pero no quitan el dolor. Como nuestro protagonista, José, debemos esperar que el tiempo cure las heridas y que Dios elimine la amargura y la convierta en perdón.

Aunque el resultado puede ser positivo, no podemos tomar los episodios o temporadas de traición a la ligera. Quizá la razón por la que la traición duele tanto es porque prospera en los espacios donde la dependencia nos une. Por ejemplo, los hijos dependen de los padres no solo para las necesidades físicas, sino también para el sustento emocional. Cuando un padre traiciona su hijo o hija, ellos luchan con emociones conflictivas: la aceptación de la traición como una respuesta protectora para garantizar la seguridad, o la posibilidad de futuras traiciones que erosionen la autoestima y el bienestar emocional.

De manera similar, los adultos atrapados en relaciones tóxicas—financiera o socialmente dependientes—enfrentan un cruel dilema. Reconocer la traición podría poner en peligro su seguridad, por lo que entierran el trauma. Los recuerdos se desdibujan, distorsionados por el miedo y la necesidad. El dolor persiste, latente bajo la superficie.

En la psicología, la teoría del apego subraya las raíces de la traición que provienen del trauma. Nuestros primeros vínculos sientan las bases para las relaciones futuras. Los apegos seguros fomentan la confianza, mientras que los apegos inseguros generan inestabilidad. Cuando golpea la traición, el vínculo de apego se fractura. La persona que una vez sostenía tu red de seguridad emocional se convierte en la fuente de dolor. Como tal, la traición tiende a tener efectos persistentes que si no se abordan, pueden sabotear la capacidad de una persona para entablar relaciones significativas, seguras, saludables y duraderas.

> **La traición de José estuvo directamente relacionada con los sueños a la medida de Dios.**

Para José el dolor debió ser insoportable. Todo empezó cuando recibió una misión de su padre para ver qué hacían sus hermanos. "Cuando lo vieron de lejos, antes de que se acercara a ellos, conspiraron para matarlo. Entonces se dijeron el uno al otro: '¡Miren, el soñador está viniendo!'" (Génesis 37:18-19, paráfrasis del autor). ¿Leí eso correctamente? Conspiraron para matarlo debido a la grandeza incrustada en él. Su deseo de matar a José no surgió hasta después de que compartiera sus sueños. La traición de José estuvo directamente relacionada con los sueños a la medida de Dios.

¿Podría ser que algunas de las traiciones que experimentamos están en proporción directa con la grandeza que llevamos dentro?

Un acto de traición de un padre a un hijo a menudo habla de la insuficiencia del padre, no de las fallas del hijo. De hecho, he visto a padres traicionar a sus hijos porque la grandeza emergente demostrada por el hijo les recordaba sus propios fracasos. He presenciado a personas traicionadas porque un miembro de la familia porque se sintió amenazado por su éxito. Cada persona lleva su propio equipaje, sus propias fallas y sus propias decisiones. Cuando alguien te traiciona, refleja su carácter, no el tuyo. Sus acciones provienen de sus propias deficiencias, inseguridades y decisiones.

Como alguien que ha invertido más de veinte años en el ministerio pastoral, he experimentado una gran lista de traiciónes. De nuevo, ¿por qué duele tanto? Porque no provino de personas con las que no estaba conectado. ¡No! Provino de personas en las que había invertido tiempo, esfuerzo y recursos. Personas a las que había mentoreado, con quienes compartí comidas, en quienes confié en puestos de liderazgo y a quienes traté como familia. Sin embargo, en un instante, traicionaron mi confianza y mi afecto. Como José, tuve que permitir que el tiempo sanara las heridas y, eventualmente, entender que lo que ellos querían para mal, Dios lo usó para mi bien.

EL LADO OPUESTO

¿Podría haber un lado opuesto a la traición? ¿Hay algo positivo que se derive del dolor de la traición que podría haberte evitado caer en un abismo emocional de ira y resentimiento? ¡Yo creo que sí! Si aprendemos algo de los muchos que vinieron antes que nosotros y superaron la traición, que sea que grandes cosas pueden surgir de ella.

Para entender el resultado positivo de la traición, veamos la vida de José en retrospectiva. Una mirada en retrospectiva nos permite el beneficio de observar el éxito de los demás mientras enfrentamos desafíos similares.

A primera vista, parece que el sueño se detendría en seco en el momento en que José es traicionado. Vendido como esclavo, ahora debe soportar años de dificultades antes de alcanzar prominencia en Egipto. Sin embargo, a pesar de la crueldad que soportó, la traición de José finalmente catalizó un cambio positivo en su vida que lo llevó a cumplir su propósito de una manera extraordinaria.

La traición a José podría haber significado su condena. Separado de su familia y arrojado a la esclavitud, enfrentó numerosas pruebas y tribulaciones. Sin embargo, la resiliencia y la fe inquebrantable de José le permitieron perseverar ante estos desafíos. En lugar de sucumbir a la amargura y la desesperación, se mantuvo firme en su creencia de que su vida tenía un propósito mayor. De alguna manera, entendió que la traición no era el final de la historia. Eligió mejorar en lugar de volverse amargado. ¿Cómo lo sabemos? Lo sabemos porque se destacó en todo lo que hizo. Esas son las acciones de alguien que ha reconocido que lo que le hicieron no tenía que empañar su carácter, sus acciones y, en última instancia, su futuro. Las acciones de sus hermanos hablaban del carácter de ellos. Las acciones de José hablaban del suyo.

Cuando miramos la vida de José en retrospectiva, no ignoramos los horrores de lo que sucedió. Sabemos por los desafíos que soportó que su vida estuvo lejos de ser fácil. Sin embargo, su decisión de mantener una posición de integridad personal y resiliencia permitió que lo que podría haberlo destruido lo lanzara hacia la promoción. De alguna manera entendió que la traición no era el final de la historia.

> **¿Qué pasaría si entendiéramos que nuestro carácter y nuestras acciones pueden hacer avanzar nuestros sueños y sanarnos al mismo tiempo?**

¿Y tú? ¿Qué harás cuando enfrentes la traición, o un dolor que no merecías? ¿Podría ser que si no tenemos cuidado, esos dolores pueden paralizar nuestro impulso hacia el cumplimiento de un sueño del tamaño de Dios? ¿Y si usáramos el proceso como un camino para demostrar nuestra resiliencia? ¿Qué pasaría si entendiéramos que nuestro carácter y nuestras acciones pueden hacer avanzar nuestros sueños y sanarnos al mismo tiempo?

Déjame ofrecerte tres principios que pueden convertir las aguas amargas de la traición en un sabor más agradable de destino. Estos principios pueden servir como modelos de perdón y redención.

TIEMPO

Alguien dijo una vez que el tiempo, personificado como un gran sanador, tiene el sutil poder de curar las heridas de la traición. ¡Estoy de acuerdo! Sin duda, cuando se rompe la confianza, el shock y el dolor iniciales pueden parecer insuperables. Sin embargo, a medida que los días se convierten en semanas y las semanas en meses, la intensidad de este dolor disminuye gradualmente. Esto no quiere decir que los recuerdos desaparezcan por completo, sino que sus bordes afilados se suavizan con el paso del tiempo.

El proceso de sanación permite la introspección y el crecimiento. Puede brindar una oportunidad para reevaluar tus valores y comprender la profundidad de tu resiliencia. A medida que navegas por las etapas del duelo y te reconcilias con la traición, emerge una nueva fuerza. Esta fuerza fomenta un sentido de autosuficiencia y confianza que puede no haber estado completamente desarrollado antes.

Además, el tiempo otorga perspectiva. Con él puedes ver la traición como un evento aislado en el esquema general de la vida, en lugar de un momento decisivo. Recuerda, los sueños del tamaño de Dios esperan ser cumplidos. Esta perspectiva es liberadora, ya que te permite soñar de nuevo, establecer nuevas metas y perseguir lo que trae alegría y satisfacción.

Las lecciones de la traición se vuelven invaluables a medida que persigues tus sueños. Sirven como una guía para formar relaciones más saludables, establecer límites y elegir caminos que se alineen más estrechamente con tus aspiraciones. La sabiduría adquirida actúa como una brújula, dirigiéndote hacia un futuro que no está contaminado por el pasado, sino que está informado por él.

En última instancia, el tiempo no borra el pasado, pero permite que el dolor lo transforme en una fuente de empoderamiento. Abre el camino para lograr sueños, no a pesar de la traición, sino debido al crecimiento que ocurrió como resultado de ella. De esta manera, el tiempo no solo sana; también revela un camino hacia adelante, iluminado por las lecciones de ayer y las esperanzas de mañana.

RESILIENCIA

Imagina a un adolescente mimado por su padre tratando de navegar en un viaje recién descubierto hacia una posible grandeza. ¿Está listo para hacer que esos sueños se conviertan en realidad? ¿O su entorno lo ha protegido de las turbulencias? De la misma manera, ¿podría ser que el acto no provocado y sin sentido de la traición, lanzó a José a la escuela de la resiliencia en preparación para el cumplimiento de un sueño que era mucho más grande que él?

> **Los sueños a menudo frágiles y esquivos, florecen en el suelo fértil de la adversidad.**

Tú y yo no somos diferentes. En el momento de la traición, el acto puede llegar como un golpe devastador a una vida que de otro modo sería normal. Sin embargo, por doloroso que sea, tiende a cultivar una raíz de resiliencia que crece para sostenernos mientras nos preparamos para la grandeza.

Los sueños a menudo frágiles y esquivos, florecen en el suelo fértil de la adversidad. Tal adversidad es el subproducto de la traición. Nos obliga a confrontar nuestras vulnerabilidades, encendiendo un fuego interior, una determinación de elevarnos por encima del dolor y seguir adelante. Como un árbol azotado por vientos feroces, aprendemos a doblarnos sin rompernos, y la resiliencia emerge a medida que enfrentamos la adversidad cara a cara. A su vez, la resiliencia nos ayuda a reconstruir la confianza, forja una fuerza interior, nos enseña a redefinir límites y alimenta la transformación. Veamos esos descriptores en más detalle.

Confianza

¿Cómo podemos tú y yo, como José, reconstruir la confianza después de un golpe tan debilitante a un corazón confiable, que alguna vez estaba lleno de entrega emocional? La confianza rota es como un espejo agrietado. Recogemos los fragmentos y examinamos cada pieza dentada. Esas piezas pueden cortar incluso la piel más dura. Tienen el potencial de hacernos desangrar emocionalmente. Por el contrario, a través del poder de la resiliencia, podemos aprender a manejar la ruptura de manera diferente.

En este proceso podemos aprender discernimiento, la capacidad de reconocer a los verdaderos aliados de aquellos que solo usan máscaras. La resiliencia continúa floreciendo a medida que reconstruimos la confianza con cautela. Nos volvemos expertos en discernir intenciones y navegar relaciones con una sabiduría renovada. Comenzamos a darnos cuenta de que estas características son esenciales para el lugar al que nos dirigimos. Son necesarias para cumplir los sueños del tamaño de Dios incrustados en nuestra alma. Nos damos cuenta de que nuestros sueños requieren confianza: confianza en nosotros mismos, en los demás y en el mundo que nos rodea, sin importar cuán difícil sea.

Fuerza interior

¿A quién estamos engañando? ¡La traición deja cicatrices! Sin embargo, esas cicatrices pueden convertirse en un recordatorio constante del dolor de la duplicidad familiar y relacional, o pueden convertirse en recordatorios de nuestra resiliencia otorgada por Dios.

Cuando elegimos lo último, emergemos del crisol con una determinación férrea, una fortaleza interior que se niega a ceder. Se nos recuerda que nuestros sueños, como delicadas esculturas de vidrio, necesitan esta fuerza para soportar los vientos violentos de la vida.

A medida que comienzas a levantar la cabeza del sentimiento de vergüenza, culpa, confusión y agotamiento emocional que a menudo proviene de la traición, las cicatrices intentan recordarte el acto que interrumpió tu vida de manera tan devastadora. Sin embargo, en una voz suave y tranquila, la resiliencia susurra: "¡Sobreviviste! ¡Prosperaste!". Nuestros sueños también comienzan a hablar. Nos llaman a levantarnos más fuertes que nunca y a moldear nuestro dolor en propósito.

Reconfigurar las fronteras

La actitud no confrontativa de mi madre sentó las bases para un niño pequeño que tenía miedo de desagradar a los demás. Tanto mi padre como mi madre eran constructores de puentes. No en un sentido literal. Se esforzaron por construir relaciones familiares con familiares extendidos y amigos por igual. Por positivo que fuera ese rasgo, me cegó ante los motivos ulteriores de las personas. Como José, a menudo compartía sueños con personas que no tenían mi mejor interés en mente. Entonces, cuando la traición llamó a mi puerta, no estaba preparado para manejar sus golpes emocionales. Sin embargo, con el tiempo, la traición me enseñó a redefinir límites.

Aprendí a decir que no, y me di cuenta de que estaba bien. Decimos que no para proteger nuestros corazones. Reconocemos que la vulnerabilidad no es debilidad, es valentía. Aprendí—y oro para que tú también lo hagas—que nuestros sueños requieren límites. Los protegemos ferozmente y decimos no a las distracciones, a los detractores y a la duda. La resiliencia agudiza nuestro enfoque, alineando nuestras acciones con nuestras aspiraciones.

Transformación

Cuando nuestras aspiraciones comienzan a surgir, afirmamos la idea de que la traición es una crisálida, un capullo de transformación. Emergemos con alas de resiliencia, listos para volar. Nuestros sueños, como las orugas, sufren una metamorfosis. La traición alimenta esta transformación. Desprendemos viejas creencias, abrazamos la incertidumbre y emergemos como cazadores de sueños, resilientes, implacables y listos para avanzar hacia nuevas dimensiones. No me importa si la traición te ha hecho avanzar a paso de oruga en la vida. A medida que los sueños incrustados dentro de ti continúan emergiendo, déjame recordarte que ¡estabas destinado a volar!

PERDÓN

Finalmente, las experiencias de José en Egipto le brindaron la oportunidad de reconciliarse con sus hermanos. Cuando vinieron en busca de comida durante su excasez, José se reveló a ellos y los perdonó por sus transgresiones pasadas. Este acto de perdón no solo sanó la grieta entre José y sus hermanos, sino que también permitió la reunificación de su familia. En retrospectiva, José reconoció que su traición y su posterior viaje a Egipto eran parte de un plan más grande. A través de sus pruebas y triunfos, cumplió su propósito de salvar a su familia y a la nación de Egipto de la destrucción. Su historia es un testimonio del poder de la resiliencia, el perdón y la fe para superar la adversidad y alcanzar el destino. Así como fue con José, ¡que también sea contigo!

EL FRACASO NO ES EL FINAL

"No se trata de si fracasaste; se trata de si puedes superar el fracaso y seguir adelante".
—C. Olmeda

"Está bien celebrar el éxito, pero es más importante prestar atención a las lecciones del fracaso".
—Bill Gates

F racaso. La palabra en sí misma conlleva un peso, una punzada que persiste mucho después del evento. No se trata simplemente de no alcanzar una meta; es el eco de las oportunidades perdidas, los sueños rotos y el temor constante de que tal vez nunca volvamos a levantarnos. Cuando el fracaso golpea, inyecta veneno en nuestras venas. El dolor inicial se desvanece, pero el residuo permanece.

Como si el residuo persistente no fuera suficiente para atormentar nuestra conciencia y recordarnos nuestros errores, la complacencia, el cómplice silencioso, se cuela y susurra: "Quédate aquí. Es más seguro. No arriesgues de nuevo". Nos acomodamos en la mediocridad, envolviéndonos en un capullo de excusas hasta el punto de que la punzada adormece nuestra ambición y nos volvemos ineficaces.

El fracaso tiene la capacidad de generar dudas sobre uno mismo. Tanto es así que, como una canción que nunca termina, repetimos las escenas: los tiros fallidos, los manuscritos rechazados, los discursos vacilantes. Cada repetición intensifica las emociones, lo que nos lleva a cuestionar nuestro valor y nuestras habilidades. La punzada se convierte en un coro de "no eres lo suficientemente bueno", tan convincente que puede paralizar cualquier intención de avanzar. Pero es aquí donde te recuerdo que el fracaso no es el final.

ADMINISTRACIÓN MAYORDOMÍA

Ciertamente, es más fácil decir que el fracaso no es el final cuando no soy yo quien está experimentando la punzada agonizante y paralizante que a menudo surge como resultado del fracaso. No es que no haya experimentado innumerables momentos de fracaso en los que también pensé que no había salida, pero lo entiendo. Entiendo completamente la abrumadora sensación de aislamiento y desesperación que viene con el fracaso. No puedo decirte cuántas veces he escuchado a alguien decir: "¡No tienes idea por lo que estoy pasando! ¡No veo una salida!". En ese momento, puede ser la verdad absoluta. No ven una salida. Sin embargo, también puedo servir como testimonio de que ¡sí la hay! ¡Hay una salida!

Por ejemplo, echemos un vistazo a la vida de Chris (nombre cambiado por anonimato), un joven con el que he tenido el placer de presenciar de primera mano cómo el fracaso pudo haber sido un golpe devastador de derrota para él, su familia y su negocio. Sin embargo, de alguna manera, sin conocer el modelo presentado en este manuscrito, sabía que había otra dimensión más allá del fracaso esperando su llegada.

Cuando conocí a Chris, según su propia confesión, apenas podía leer o escribir de manera coherente. Era un joven padre soltero que buscaba amor en los lugares equivocados. Este joven había sido promovido de un grado a otro a lo largo de sus años de secundaria, no por su aptitud académica, sino porque era excelente en el fútbol. Sin embargo, esa posible carrera se detuvo abruptamente cuando eligió las relaciones, las fiestas y el dinero rápido por encima de las becas deportivas.

Una noche, después de un servicio en la iglesia, pude notar por la desesperación en su voz que ya no deseaba seguir ese camino de disolución y desesperación. Así que allí estaba, deseando buscar a Dios y cambiar su vida . . . ¡y eso fue lo que hizo! La proverbial diferencia entre la noche y el día que presencié en la vida de Chris fue transformadora en todos los sentidos. Así que uno pensaría que con tal transformación vendría una serie de logros, no fracasos. Durante varios años, fue exactamente eso.

En los años siguientes, Chris se casó, lanzó un negocio desde el baul de su carro, y con temor y temblor (como él lo describiría) se inscribió en clases de teología. ¿Mencioné que no sabía leer ni escribir de manera efectiva? Así que, sin duda, aventurarse en un territorio desconocido para cualquiera en su familia o generaciones anteriores no solo fue un desafío, sino que fue aterrador para él. Sin embargo, siguió adelante. Avanzó con resiliencia incluso mientras tenía miedo (eso podría ser todo un capítulo por sí mismo). Si conocieras a Chris, admitiría que aprendió a leer y escribir en la iglesia, tomando una clase de teología tras otra.

A medida que aumentaba su fe, también lo hacía su resiliencia. Pasó de trabajar desde el baul de su carro a asegurar una asociación con una red de concesionarios a través de la cual podía operar su negocio desde sus lugares de negocio. A simple vista, estaba viviendo el sueño americano. Ahora estaba casado, tenía hijos, una casa propia y un negocio próspero. Aún mejor, se le presentó la oportunidad de abrir su propio local. Ahora podía hacer que sus clientes fueran a su negocio en lugar de reunirse con él en diferentes concesionarios.

> **Sintió que perseguir el dinero podría funcionar para algunas personas, pero Dios tenía diferentes planes para él.**

Durante varios años, agregó servicios adicionales que beneficiarían a sus clientes. A medida que crecía el negocio, también lo hacía su ambición. Más tarde admitiría: "¡Empecé a apropiarme de lo que debía haber sido un administrador!". A medida que analizaba lo lejos que había llegado, decía: "Esto es solo el comienzo. Si trabajo más duro y dedico más tiempo, ¡un local se puede convertir en otro y otro y otro!". Francamente, no hay nada malo en eso. Muchas personas han logrado hazañas similares en su vida. Sin embargo, para Chris, se convirtió en un deseo obsesivo de éxito. "Si tuviera que elegir entre asistir a un estudio bíblico entre semana, de donde derivé mi combustible inicial y fervor, o aprovechar una oportunidad para ganar más dinero, elegiría la oportunidad para ganar mas dinero", admitiría con pesar. "Eso puede funcionar para algunas personas, pero ese no era el sueño del tamaño de Dios para mí", sugirió mientras conversábamos sobre su jornada. Sintió que perseguir el dinero podría funcionar para algunas personas, pero Dios tenía diferentes planes para él.

A través de una serie de desafíos y lo que él consideraría la tormenta perfecta, el negocio de Chris comenzó a desintegrarse. "No sabía exactamente lo que estaba sucediendo, pero sabía que no había administrado (no había gestionado) el sueño que Dios me había dado de la mejor manera posible. Me había enamorado del sueño en lugar del Dador de Sueños". El dolor del arrepentimiento era evidente en su tono. Mientras compartía la dolorosa pérdida de su negocio, que lo llevó a la bancarrota, podía notar que Chris no estaba bien. Su intento de mantenerse calmado y positivo estaba ensombrecido por el sentido de fracaso que constantemente emergía por encima de su intento de proyectar una retórica positiva. Estaba sufriendo. En ese momento, sentía que había fracasado y que no había salida.

Mientras Chris navegaba este doloroso viaje, pensaba en lo que sus hijos pensarían de él. ¿Perdería su hogar? ¿Qué pensaría su esposa? ¿Qué pensarían aquellos con quienes socializaba en la iglesia sobre su fe y su dependencia de Dios? ¿Sería criticado por aquellos con quienes compartió su éxito? Ahora tenía que explicar cómo la mayor parte de su éxito ya no existía.

Como Chris, ninguno de nosotros está exento de emociones similares. Mientras la punzada del fracaso quema en nuestros pensamientos subconscientes y sus efectos se filtran en lo que decimos—ya sea intencionalmente o no—la idea de una salida a menudo nos elude. Todo lo que vemos es el resultado de lo que alguna vez fue. La humillación puede ser suficiente para enterrar cualquier intento potencial de reunir suficiente coraje y resiliencia para olvidar el pasado y avanzar. No es tan simple. Pero, como he dicho antes, el tiempo se convierte en nuestro mejor amigo. El dolor comienza a desvanecerse y la idea de una nueva dimensión comienza a surgir en el horizonte.

Para Chris, su fracaso se convirtió en combustible. "¡Reevalué mis prioridades y decidí depender en primer lugar de Aquel que me había dado mis sueños!", confesó más tarde. "¡Mi dolor se convirtió en combustible para alentar a otros que estaban pasando por tiempos difíciles!". Mientras me tomaba el tiempo para escuchar su historia, los principios que enseñaba me llenaban de emoción. Chris decía cosas como: "Tuve que darme cuenta de que todo lo que había logrado era parte del plan de Dios para mi vida. ¡Solo era un administrador, no el propietario! De una manera extraña, entendí que si hubiera seguido por ese camino de aferramiento a lo material, me habría limitado a mí mismo para las cosas más grandes que Dios tenía reservadas para mí".

Tal vez eso no tenga sentido para muchos, a menos que conozcan el resto de su historia. Porque si eres como yo, no verás nada malo con el tipo de éxito que experimentó Chris. Comencé a entender que por muy grande que fuera su éxito, los sueños del tamaño de Dios para su vida tenían más que ver con el impacto que con el dinero.

Mientras reflexiono sobre ese principio, rápidamente me viene a la mente la cantidad de personas que he conocido y oído hablar, que han logrado gran éxito desde el punto de vista financiero, pero se sienten miserables. Personas que perdieron relaciones, sacrificaron a sus hijos en el altar del éxito, por así decirlo, y perdieron años de impacto intencional en la vida de los demás. Aunque su éxito fue grandioso, no podía compararse con el impacto asociado con los sueños del tamaño de Dios, el tipo de impacto que crea un efecto dominó no solo en la vida de la persona que vive ese sueño, sino también en la vida de los miembros de la familia y las personas en general por generaciones.

Para Chris, el fracaso no fue el final. Se volvió más enfocado espiritualmente que nunca. A medida que los meses se convirtieron en años, su negocio comenzó a prosperar de nuevo. El dinero ya no era su enfoque. Quería construir un negocio que pudiera pasar a su hijo mayor. Las lecciones que aprendió lo catapultaron a ser mentor de la próxima generación de hombres para que se convirtieran en administradores de los sueños del tamaño de Dios, y no en propietarios cegados por el éxito.

> **Muchos de nosotros nos enamoramos de una muestra de los sueños del tamaño de Dios y nos perdemos de ver el panorama completo.**

Si conocieras hoy a Chris, verías a un ministro acreditado que en los últimos meses, ha estado viajando como consultor con una reconocida organización internacional, reuniéndose con pastores y líderes en preparación para cruzadas cristianas nacionales que atraen a miles y miles de personas. Su negocio continúa prosperando, y mientras su hijo mayor toma las riendas, su padre viaja cumpliendo sueños del tamaño de Dios.

Muchos de nosotros, como Chris, nos enamoramos de una muestra de los sueños del tamaño de Dios y nos perdemos de ver el panorama completo (voy a profundizar más sobre esto en una de las próximas dimensiones). Comenzamos a experimentar niveles de éxito y dejamos de implementar los principios que nos llevaron allí. Intentamos convertirnos en dueños de lo que deberíamos ser administradores. Tratamos de tomar posesión de lo que deberíamos estar gestionando.

LECCIONES APRENDIDAS

El éxito a menudo nos ciega de lo que realmente importa. Cuando todo parece ir bien, priorizamos los logros, la riqueza y la reputación. Por el contrario, el fracaso tiene una forma de recalibrar nuestro enfoque. Elimina lo superficial y revela lo eterno. Aprendemos que las verdaderas bendiciones residen en nuestra relación con el Dador de Sueños y en el impacto que tenemos en los demás.

> **El fracaso ofrece una lección intensiva de sabiduría.**

Cambiemos la perspectiva sobre el fracaso y extraigamos lecciones que nos catapulten hacia nuestro destino, en lugar de llevarnos a una culpa y condenación eterna. A medida que lo hacemos, comenzaremos a darnos cuenta de que el fracaso fortalece nuestra determinación. Nos enseña a levantarnos después de caer y a seguir avanzando a pesar de los contratiempos. Como tal, puede convertirse paradójicamente en el catalizador del crecimiento, la sabiduría y la búsqueda de sueños del tamaño de Dios.

Cuando enfrentamos el fracaso, ya sea debido a nuestros propios errores o a circunstancias externas, nos brinda valiosas lecciones que moldean nuestro carácter y nos impulsan hacia logros mayores. El fracaso ofrece una lección intensiva de sabiduría. Analizamos qué salió mal, identificamos nuestros errores y ajustamos nuestro enfoque. El rey Salomón, conocido por su sabiduría, escribió: "porque el justo cae siete veces; y vuelve a levantarse" (Proverbios 24:16, LBLA).

Nunca olvides que *el Dador* de tus sueños se especializa en convertir fracasos en victorias. ¿Recuerdas a nuestro protagonista, José? Sus hermanos lo vendieron como esclavo, pero luego se convirtió en gobernante en Egipto. Cuando llegó el momento de enfrentarse a ellos, declaró: "Vosotros pensasteis hacerme mal *pero* Dios lo tornó en bien" (Génesis 50:20, LBLA). ¿Qué te parece si tomamos metafóricamente el mismo enfoque? ¿Qué te parece si miramos esos fracasos pasados o presentes y declaramos lo mismo: "¡Pensasteis mal contra mí, pero Dios lo encaminó a bien!". Lo que podría haberme empujado a ahogarme en un mar de desesperación me ha dado nueva vida para ver las cosas de manera diferente. Cuando entiendas que hay otra dimensión al acecho en el horizonte, entenderás que el fracaso no es el final de tu historia. ¡En su lugar, se convierte en un paso en la dirección correcta!

CUANDO EL TIEMPO TRAICIONA

"Tu sueño no ha terminado; solo estás siendo preparado para su cumplimiento".
—C. Olmeda

Los sueños a menudo emergen como estrellas brillantes que destellan con promesa y posibilidad. Estos sueños, audaces por naturaleza, encienden nuestros corazones y nos impulsan hacia adelante. Sin embargo, en nuestro viaje hacia su cumplimiento nos encontramos con un adversario silencioso: el tiempo. Cuando nuestros sueños del tamaño de Dios permanecen no cumplirse, es fácil sentirnos traicionados por el tiempo. Nos preguntamos por qué nuestro sueño, la visión que llevamos dentro, no se ha materializado. A medida que pasa el tiempo cuestionamos nuestro valor, nuestras habilidades e incluso la fidelidad de Dios.

A medida que las páginas del calendario pasan implacablemente, nos encontramos en la encrucijada entre el anhelo y la realidad.

Imagina a nuestro protagonista, José. De joven recibió sueños que se traducen en grandeza. Aunque no puede descifrar su resultado con precisión, se han convertido en un plano de algo que supera su imaginación. Sin embargo, a medida que se desarrollaron los años, contaron una historia diferente. A medida que pasaban los días, en lugar de cumplimiento, enfrentó traición. A medida que los días se convirtieron en meses, en lugar de cumplimiento, enfrentó la esclavitud. A medida que los meses se convirtieron en años, en lugar de cumplimiento, enfrentó el encarcelamiento. Repetidamente el tiempo parecía burlarse de él y no había nada que pudiera hacer para cambiar el resultado. José tuvo que recorrer el viaje del tiempo con sus baches y magulladuras y prepararse para su impacto.

NO DETENGAS EL IMPULSO

Recuerdo la advertencia de mi instructor cuando estaba inscrito en un curso de seguridad en motocicletas. El instructor dijo, "No hay nada como andar por un hermoso camino rural en un día soleado, disfrutando del viento en tu rostro y la sensación de libertad". ¡Tenía razón! Todavía no sé qué tiene de especial que un grupo de hombres temprano en la mañana, enciendan sus Harley-Davidson (no puedes referirte a ellas solo como motocicletas), y como una procesión sagrada, cabalguen al unísono por algún camino rural, con el dulce sonido de los tubos de escape resonando en sus oídos como melodía que les dibuja una sonrisa. ¡Francamente me desvío!

Sin embargo, por hermosa que sea esa experiencia, el instructor sugirió que aunque no deseaba que ninguno de nosotros lo experimentara, esos paseos podrían tomar en algo peligroso. Como tal, nos estaba preparando. El deslizamiento de la motocicleta en la grava o que alguien te intercepte abruptamente son un par de las innumerables razones por las que un conductor de motocicleta podría perder el control, caerse de la motocicleta y rodar por el camino. "Si eso alguna vez sucediera", nos advirtió con voz firme, "¡no endurezcas tu cuerpo! Romperás más huesos de los que podrías imaginar".

Inmediatamente pensé: *¿Qué se supone que debo hacer? ¿Hacerme el muerto?*

Como si pudiera leer mis pensamientos, continuó: "¡Hazte el muerto! Mantén tu cuerpo lo más flácido posible y simplemente rueda. ¡Deja que el impulso te lleve hasta que te detengas!" Recibí la advertencia e interpreté sus palabras en las mías: "¡No luches contra el proceso!"

> **Cuando el tiempo, como traidor, interrumpe el curso de tus sueños, no intentes detener el rodar.**

No me di cuenta de que luchar contra el proceso causaría más daño que simplemente rodar hasta detenerse por completo. Lo mismo es cierto para tus sueños. Un día podrías estar *disfrutando* del viaje y al siguiente momento estar rodando por el camino del dolor, sufrimiento, fracaso y traición. Cuanto más luches, más doloroso se vuelve. Luchar contra el proceso es intentar aliviar el dolor antes de que el proceso de sanación haya seguido su curso. Es ignorar el sufrimiento, permitir que la culpa de la traición te estanque e intentar luchar contra los traidores. Se convierte en un ejercicio inútil. Terminas cansado, frustrado, agobiado y agotado.

En cambio, cuando el tiempo, como traidor, interrumpe el curso de tus sueños, no intentes detener el impulso. A diferencia del doloroso resultado de un accidente de motocicleta inevitable, los baches y magulladuras asociados con la interrupción de los sueños generalmente vienen con lecciones valiosas. Para José, lo que parecía ser la interrupción de un sueño se convirtió en la sala de espera de la preparación. El proceso le enseñó resiliencia, humildad y confianza. Sus sueños no habían sido olvidados. ¡Estaban siendo refinados! En retrospectiva, lo que podría haberse malinterpretado como interrupciones, a la larga se convirtió en una convergencia de factores que reunieron circunstancias, relaciones y habilidades que sirvieron para impulsar sus sueños y presenciar su cumplimiento. Es la manera de Dios de conectar los puntos.

CONECTA LOS PUNTOS

Cuando era niño a menudo disfrutaba el arte de conectar puntos. Aunque no eran puntos en sí, sentía afinidad hacia un tipo especial de libro para colorear lleno de imágenes que eran irreconocibles a menos que conectaras los puntos. Los puntos no eran puntos después de todo. ("conectar los puntos" es una figura retórica). Eran letras o números. A medida que conectabas progresivamente cada letra o número subsiguiente, comenzabas a ver la imagen más clara que el ilustrador pretendía revelar. Muy a menudo podía distinguir la imagen antes de completar el proceso, aunque no con todos los detalles. Otras veces pensaba que sabía qué era la imagen, pero una vez que conectaba los puntos, pronto me daba cuenta de que me había equivocado.

Los sueños del tamaño de Dios y las visiones del tamaño de Dios a menudo son como esas imágenes donde conectas los puntos. A menudo creemos que sabemos cómo se verá la imagen hasta que nos enfrentamos a la realidad: hasta que todos los puntos se conecten, no obtendremos una comprensión clara del propósito que el Dador de Sueños a intentado.

PERDIÉNDOLO TODO

La mayoría de nosotros estamos familiarizados con el dicho: "En retrospectiva, todo es 20/20". Esto simplemente significa que a menudo tenemos la capacidad de ver las cosas con más claridad después de que han sucedido, en lugar de cuando ocurrieron por primera vez. Las historias de Abraham y José no están exentas de este dicho. Para mí es bastante fácil extraer lecciones de sus históricas jornadas de manera concreta porque ya conozco el resultado. Pero, ¿qué pasa con la persona que está atravesando el proceso y no ha visto cómo se ve la imagen completa? Todo lo que tienen para seguir son los efectos de lo que sea que el viaje traiga a medida que se desarrolla.

Hay una mujer en la Biblia que encaja a la perfección con este modelo. Se nos presenta en el cuarto capítulo de 2 Reyes. Se le conoce como la sunamita, ya que vivía en el pueblo de Sunem, en el territorio de Isacar, a unos veinte kilómetros del Monte Carmelo. Era rica y hospitalaria. Ella y su esposo se dieron cuenta de un hombre santo, un profeta llamado Eliseo, que ocasionalmente pasaba por Sunem. Siguiendo un impulso que desconocemos, decidieron extenderle hospitalidad.

Su hospitalidad iba más allá de un almuerzo de tarde o una comida por la noche. Llegaron a construir una habitación separada para que él se quedara. La amueblaron y le proporcionaban comida cada vez que pasaba por su pueblo. Sin duda, la amabilidad y la hospitalidad extravagante de esta mujer demostraron su generosidad y reverencia hacia Eliseo.

Conmovido por su hospitalidad, el hombre santo deseó corresponder a sus acciones con algo a cambio. Le preguntó qué podía hacer por ella. Ella humildemente rechazó cualquier solicitud específica, aparentemente contenta con su vida. El siervo de Eliseo, Giezi, notó que la mujer no tenía hijos. A pesar de su silencio sobre este asunto, Eliseo discernió su deseo no expresado de tener un hijo. Quizás ella había enterrado cualquier sueño de tener un hijo, ya que los meses se habían convertido en años, y por razones desconocidas, seguía sin tener hijos. Como representante de Dios, Eliseo prometió audazmente que tendría un hijo dentro de un año.

Hace un momento sugerí que siguiendo un impulso desconocido para nosotros, esta mujer decidió extender hospitalidad a Eliseo. ¿Qué pasaría si así es como nacen los sueños? ¿Qué pasaría si los sueños nacen al seguir un impulso interno que va más allá del comportamiento normal y cotidiano? A medida que seguimos el viaje de esta mujer y los sucesos sobrenaturales que le siguieron, nos damos cuenta de que su impulso, y en última instancia sus acciones, eran parte de un sueño del tamaño de Dios que había enterrado inicialmente. Sin embargo, a través de un acto de obediencia a un impulso interno, ese sueño cobró vida de maneras que superaron sus expectativas.

Si has seguido el camino de este modelo de quinta dimensión hasta ahora, habrás notado que los sueños del tamaño de Dios no siguen una progresión lineal de cumplimiento sin interrupciones, fracasos, traiciones o dolor. La sunamita no fue la excepción.

Fiel a la palabra de Eliseo, la mujer dio a luz a un hijo. Aunque este regalo milagroso trajo varios años de inmensa alegría a su vida, trágicamente, un día el niño cayó enfermo y murió repentinamente. Devastada, colocó el cuerpo de su hijo en la cama de Eliseo y buscó la ayuda del profeta. Eliseo oró fervientemente, y Dios restauró la vida del niño. En un corto período de tiempo, esta mujer experimentó una gran pérdida y una restauración milagrosa.

Como ver un partido de ping-pong y observar el movimiento de ida y vuelta de una pequeña pelota, la vida de esta mujer imitaba el mismo fenómeno: un sueño enterrado seguido de un impulso para mostrar hospitalidad a Eliseo. Por un breve momento, parece que su generosidad había sido recompensada con el despertar de un sueño para tener un hijo, solo para presenciar su muerte en pocos años. A medida que navegaba por esa complejidad de emociones, experimentó un milagro. Sería maravilloso decir que su milagro fue seguido por un descanso de las dificultades, pero ese no fue el caso. La historia no terminó ahí.

Lamentablemente, no mucho tiempo después, el profeta aconsejó a la mujer que abandonara su ciudad porque una hambruna cubriría la tierra durante siete años. "Entonces la mujer se levantó e hizo conforme a la palabra del hombre de Dios, y se fue ella con los de su casa y residió en la tierra de los filisteos siete años". (2 Reyes 8:2, LBLA).

¿Cuándo termina? ¿Cómo puede alguien demostrar tanta generosidad y, sin embargo, experimentar un momento caótico tras otro? Quizá tú también te hayas sentido así alguna vez. ¡Yo sí! Sin duda, estos son los momentos que te hacen pensar si los sueños del tamaño de Dios se convierten en realidad o si la esperanza de su cumplimiento es simplemente un producto de nuestra imaginación. Comprender su trauma psicológico o cómo procesó su inevitable viaje durante esos siete años en una tierra que no era la suya habría sido ciertamente útil. ¿Tuvo momentos en los que quiso rendirse? ¿Estaba preocupada por cómo iba a proveer para un hijo que no había pedido? Quizás durante muchos años deseó tenerlo. Sin embargo, ahora, considerando sus circunstancias, ¿podría sentir que habría estado mejor sin él? A pesar de las preguntas sin respuesta, me alegra que la historia no terminara ahí.

CUANDO LOS PUNTOS SE CONECTAN

En el octavo año, después de que terminó la escasez de siete años, la sunamita decidió regresar de la tierra de los filisteos y apelar al rey por su casa y su tierra. Ahora debo advertirte que te prepares, porque aquí es donde toda esta historia se une.

> **Cuando los sueños del tamaño de Dios superan las limitaciones personales, ¡no hay coincidencias!**

Recuerda que hacía mucho tiempo que la sunamita había demostrado su generosidad hacia Eliseo. Había experimentado la inestabilidad perturbadora de la vida hasta el punto de que, aunque la vida de su hijo había sido salvada, había perdido su hogar y su tierra. Sin embargo, mientras se dirigía a presentar su caso ante el rey, *casualmente,* el siervo de Eliseo, Giezi, estaba involucrado en una conversación con el rey. *Casualidad* o no, el rey estaba en medio de cuestionarlo sobre la vida de Eliseo. *Casualmente,* Giezi estaba en el proceso de contarle al rey cómo Eliseo había devuelto a la vida al hijo de una mujer que vivía en Sunem. Y, *casualmente,* ¿adivina quién entró en ese momento preciso? ¡Sí, la sunamita y su hijo! Giezi exclamó: "¡Esta es la mujer, y este es su hijo!".

Si aún no lo has entendido, por favor comprende que cuando los sueños del tamaño de Dios superan las limitaciones personales, ¡No hay casualidades! ¿Cuáles son las probabilidades de que Giezi estuviera teniendo una conversación con el rey en el mismo momento exacto en que la mujer llegaba para apelar por su casa y su tierra? La única razón por la que él hablaba de una mujer cuyo hijo Eliseo había devuelto a la vida era que, años antes, la sunamita siguió un impulso para demostrar generosidad hacia un hombre a quien honraba. ¿Qué habría pasado si hubiera ignorado ese impulso? ¿Qué habría pasado si lo hubiera justificado con: "Es demasiado trabajo y costará demasiado dinero construir una habitación para este hombre"? ¿Qué habría pasado si se hubiera limitado a simplemente servirle una comida y no soñar más allá de su estilo de vida cotidiano?

¡Ella no ignoró su impulso inicial! Aunque no podía descifrar con claridad cómo se vería la imagen completa de su vida a medida que experimentaba una montaña rusa de emociones, hay algo que sabemos con certeza: ¡el Dador de Sueños estaba conectando los puntos todo el tiempo! Tanto es así que el rey nombró a un oficial para restaurar todo lo que era suyo y todas las ganancias del campo desde el día en que se había marchado hasta su regreso.

> **Ten la seguridad de que a medida que confías en el proceso, los puntos se están conectando, y el sueño no te decepcionará.**

Esto nos enseña que la obediencia no es una opción; es un mandato. Debemos ser sensibles a los impulsos, incluso cuando no tenemos la previsión de lo que está por venir. Requerirá que sigamos el camino para conocer personas, hacer conexiones y estar en el lugar correcto en el momento adecuado. Debemos entender que hacer caso a los impulsos que recibimos desencadena una serie de eventos que conducen al cumplimiento.

¿Qué de ti? ¿Te has sentido como la sunamita? ¿Has experimentado un viaje que ha oscurecido cómo se verá el resultado final de tu vida? ¿Has estado al borde de experimentar el resultado de lo que pensabas que era un sueño del tamaño de Dios, solo para enfrentarte a un contratiempo? Permíteme alentarte a rendirte al proceso. ¡No luches contra el proceso! Como el motociclista, podrías terminar con más quebrantamientos de los que podrías haber imaginado. En su lugar, confía en el proceso. Ten la seguridad de que a medida que confías en el proceso, los puntos se están conectando, y el sueño no te decepcionará.

VIVIENDO CON EL FRACASO Y EL ÉXITO

"Las consecuencias y el éxito pueden convivir".
—C. Olmeda

¡**R**espira profundo! Has superado la dimensión del fracaso y la dimensión de la traición. Otros no lo han logrado. Algunos han sucumbido al golpe devastador del ataque brutal del fracaso y nunca recuperaron la resiliencia para levantarse y avanzar hacia una nueva dimensión. Otros, marcados por las heridas profundamente incrustadas de la traición, han permanecido atrapados en el rencor, la ira y el odio. Eso no significa que la segunda dimensión se desvanezca en el pasado sin dejar residuos. Lo hace. A menudo deja consecuencias que deben ser enfrentadas incluso mientras se avanza hacia una nueva dimensión.

Las consecuencias son el resultado de nuestras elecciones y acciones. Moldean nuestras vidas de manera significativa. A medida que avanzamos a través de la segunda dimensión, no avanzamos sin reconocer que muchas veces nuestras decisiones llevan a resultados no deseados. ¿Cuántos de nosotros hemos herido a otros, dañado relaciones o enfrentado retrocesos personales? A medida que intentamos avanzar, no podemos hacerlo sin que las consecuencias de nuestras acciones nos sigan.

Si las consecuencias de tus acciones van a caminar al mismo ritmo que la progresión de tus sueños, algo debe cambiar. Debes cambiar la forma en que percibes su efecto en tu vida. Debes cambiar tu perspectiva sobre el papel que juegan esas consecuencias. Puede que hayan sido afectadas por tus acciones, pero no serán tu amo.

CONVICCIÓN O CONDENACIÓN

Crecí en un hogar amoroso, aunque legalista y dogmático en su naturaleza, lo que inculcó en mí un complejo conjunto de emociones que tuve que descifrar y trabajar durante mis años de adultez. Por favor, no interpretes mi análisis como una crítica. Soy quien soy hoy en parte gracias a mis padres, temerosos de Dios y cariñosos, que me amaron incondicionalmente. Sin embargo, ellos también se habían adaptado a un estilo de vida rígido de adhesión religiosa que dejaba muy poco espacio para cuestionar el orden establecido.

Por ejemplo, crecí creyendo que la culpa era la forma en que Dios me mostraba que había violado sus normas divinas. Cuando vives lo suficiente con constantes recordatorios de lo que has hecho mal, puedes desarrollar fácilmente un falso sentido de culpa neurótico de culpabilidad. Esa culpabilidad puede provenir de tu crianza o de una conciencia mal guiada por un nivel poco saludable de reglas y regulaciones. Puede que no necesariamente provenga de la violación de una norma divina. Como tal, condena. Sirve como una voz debilitante y agotadora que te recuerda todo lo que hiciste mal y por qué el progreso te ha eludido.

¿Has conocido a alguien así? Personas atrapadas y debilitadas por la culpabilidad. He conocido y hablado con docenas de personas debilitadas por la culpabilidad. Se paralizan al sucumbir a las voces que les dicen: "¡No eres lo suficientemente bueno!", "¡nunca te recuperarás de lo que hiciste!" o "¡siempre estarás limitado por tus errores pasados!". El sentimiento se vuelve tan abrumadoramente degradante que viven oprimidos bajo sus propios sentimientos de culpa y vergüenza, incapaces de ver más allá de sus errores y hacia un futuro mejor. Ese nivel de culpabilidad genera condenación.

Por el contrario, existe la culpabilidad que impulsa la convicción. *El diccionario Merriam-Webster* define la convicción como "el estado de estar convencido de un error o de verse obligado a admitir la verdad".[2] Cuando estás convencido de un desalineamiento o te ves obligado a admitir la verdad, ese comportamiento debería conducir a la libertad, no a la condenación. Ya no estás atado por una creencia errónea o mentiras ocultas. En cambio, la convicción se convierte en un recordatorio de lo que una vez te retuvo, no de una falta de libertad ni una restricción para el progreso futuro.

MARCADO EN ROJO

Déjame darte un ejemplo. Admito que a pesar de mis avances académicos, no me gusta tomar exámenes. Podría investigar,

---

2 Merriam-Webster. (s.f.). "convicción" en https://www.merriam-webster.com/dictionary/conviction.

involucrarme en investigaciones cualitativas y cuantitativas, examinar datos y escribir todo el día si fuera necesario. Pero no me hagas tomar un examen. Lo haré, pero no sin empezar a sudar y sobreanalizar el material más allá de lo necesario. Incluso cuando sé que sé lo que se supone que debo saber (¿lo entendiste?), sigo cuestionando mi conocimiento. A menudo me pregunto *¿por qué?* (quizá debería programar una sesión con mi esposa psicoterapeuta).

Quizá proviene de las cicatrices emocionales asociadas con el color rojo. Por razones que nunca tuvieron sentido para mí, aún recuerdo que cada vez que tomaba un examen en la escuela primaria, lo único que se resaltaba en rojo eran las respuestas incorrectas. Supongamos que tomaba un examen de veinte preguntas, terminaba con dieciocho correcta y me equivocaba en dos. Lo único que aparecía resaltado en el examen, una vez que el maestro lo devolvía, eran las dos preguntas que había fallado, resaltadas en rojo. Entonces comencé a asociar el rojo con el fracaso. ¿Por qué no cambiar esa asociación y resaltar en *rojo* las dieciocho preguntas que había acertado correcta?

> **Cuando la culpa alimenta la condenación, promueve el aislamiento, la baja autoestima, el rechazo e incluso el castigo autoinfligido; pero cuando la culpa alimenta la convicción, cataliza el cambio.**

Yo podía haber pensado de manera diferente en la misma situación: *¡Uf!* O por ejemplo, hubiese podido decir. *¡Estoy feliz de haber pasado el examen!* Bueno, esa no es mi historia. A menudo pensaba: *¡No puedo creer que me haya equivocado en esa pregunta! ¡Sabía la respuesta! O, peor aún: ¡No recuerdo haber leído eso en mis apuntes! ¿En qué estaba pensando?* Debería haber estado celebrando el hecho de que había obtenido un noventa en un examen de veinte preguntas. En cambio, me sentía frustrado y, a menudo, condenado por lo que salió mal. ¿Por qué? Simplemente porque lo que estaba resaltado en rojo era el fracaso y no el éxito. Estaba resaltado en rojo lo incorrecto en lugar de lo que estaba bien. Quizá para muchos de nosotros las marcas en rojo fueron el comienzo de creer que la vida destacaría todo lo que salió mal, con poco espacio para celebrar todo lo que salió bien. Por eso como profesor trato de hacer todo lo posible para resaltar los logros de mis estudiantes en rojo, seguido de una afirmación.

Cuando la culpabilidad alimenta la condenación, promueve el aislamiento, la baja autoestima, el rechazo e incluso el castigo autoinfligido. Pero cuando la culpabilidad alimenta la convicción, cataliza el cambio.

¿Qué pasaría si en lugar de resaltar el fracaso, nos enfocáramos en las lecciones que provienen de esos momentos abrumadores de fracaso y traición? No estoy sugiriendo que ignoremos las consecuencias de malas decisiones, errores o incluso, a veces, la ignorancia. ¡Todo lo contrario! Estoy sugiriendo que si el equipaje emocional se va a incrustar en el avance de mis sueños, entonces controlaré su efecto en mi vida. ¡No al revés! Cuando las consecuencias me acompañen, las usaré como recordatorios de que:

- No volveré a repetir esas acciones.

- La grandeza que tengo por delante es infinitamente mayor que los desafíos que he dejado atrás.
- El fracaso no es el final. ¡Es una oportunidad para intentarlo de nuevo y con más sabiduría!
- La traición no puede detener el cumplimiento de los sueños del tamaño de Dios.

AUTOSUFICIENCIA

¿Qué pasaría si llevara esto un paso más allá y sugiriera que las consecuencias del fracaso y la traición pueden convertirse en un marco de control y equilibrio? ¡Una manera de evitar que creamos que somos autosuficientes y grandiosos! Considerando que el éxito tiene una forma de promover un comportamiento pretencioso, las consecuencias pueden servir como un recordatorio de que tenemos la propensión a arruinar lo que podría haber sido perfecto. ¡Nos mantiene humildes!

EL ENGAÑADOR

Veamos a un personaje cuyo nombre significa "suplantador": alguien que se apropia, elude o usurpa. Leemos sobre su comportamiento astuto en la Biblia, en Génesis 25 en adelante: un joven llamado Jacob que aprovechó el hambre de su hermano mayor. Después de que su hermano, Esaú, había trabajado todo el día, llegó a casa deseando una comida casera. Jacob le ofreció un plato con un delicioso potaje a cambio de su primogenitura. Entregar la primogenitura no era algo que se tomara a la ligera en el tiempo de Jacob. Sus ramificaciones a largo plazo tendrían consecuencias inimaginables que ninguna de las dos partes estaba preparada para enfrentar. Sin embargo, Esaú hizo el intercambio desigual de todos modos.

Como si engañar a su hermano no fuera suficiente, Jacob también engañó a su padre. Cuando llegó el momento de que su padre moribundo declarara una bendición sobre su hijo mayor, Esaú, Jacob se disfrazó como su hermano y engañó a su padre haciéndole creer que estaba bendiciendo al mayor de los dos.

Jacob tuvo un momento para reconsiderar sus acciones (varios momentos en realidad). En un momento, su padre, viejo y ciego, le preguntó a Jacob una vez más antes de bendecirlo: "¿Eres en verdad mi hijo Esaú? Y él respondió: Yo soy" (Génesis 27:24, LBLA). ¿No es así con muchos de nosotros? ¿Cuántas veces hemos tomado una decisión que nos llevó a una acción desviada o un comportamiento cuestionable, plenamente conscientes de la proverbial puerta de escape, esa puerta por la que podríamos haber salido si hubiéramos tomado una mejor decisión? Sin embargo, por razones demasiado complejas para descifrar aquí, seguimos adelante, sabiendo que la acción tomada no era la correcta.

No fue diferente para Jacob. Su padre lo bendijo. Probablemente pensó que viviría feliz para siempre al alejarse con la bendición de su padre. ¡Sin embargo, una vez que su hermano descubrió lo que había hecho, juró matarlo! El caos familiar que siguió fue tan terrible que Jacob tuvo que dejar todo atrás y huir para salvar su vida.

A pesar de tal devastación —aunque autoinfligida— Jacob llegó a cierto lugar donde se quedó dormido y tuvo una visión después de haber huido todo el día. En esa visión pudo ver una escalera con ángeles que subían y bajaban del cielo. En la parte superior de la escalera vio al *Señor*, quien le habló y le aseguró:

Yo soy el Señor, el Dios de tu padre Abraham y el Dios de Isaac. La tierra en la que estás acostado te la daré a ti y a tu descendencia. También tu descendencia será como el polvo de la tierra, y te extenderás hacia el occidente y hacia el oriente, hacia el norte y hacia el sur; y en ti y en tu simiente serán bendecidas todas las familias de la tierra. He aquí, yo estoy contigo, y te guardaré por dondequiera que vayas y te haré volver a esta tierra; porque no te dejaré hasta que haya hecho lo que te he prometido. (Génesis 28:13-15, LBLA)

¿Estamos hablando de la misma persona aquí? ¿Está Dios hablando con el mismo Jacob cuyo hermano estaba tratando de matarlo por haberlo engañado? ¿Nos estamos refiriendo al mismo Jacob que, aparentemente, sin remordimiento, mintió a su padre? ¡Así es! Entonces, ¿Está Dios ignorando todos los fracasos de Jacob? Después de leer una declaración tan profunda de bendición, uno podría pensar que Dios está, de hecho, esta ignorando la falta de juicio moral de Jacob. Eso es hasta que lees el resto de la historia.

Sí, lo que sigue está lleno de principios de la ley de sembrar y cosechar. Lo que Jacob sembró en engaño, lo cosechó a través del engaño en manos de su tío. Jacob tuvo que trabajar siete años para obtener la mano de Raquel, una mujer que se convertiría en su esposa. En el momento señalado, en lugar de recibir a Raquel como su esposa, le dieron a Lea, la hermana mayor de Raquel. Como resultado, tuvo que trabajar otros siete años para casarse con Raquel. Desde sus matrimonios hasta su ganado y las exigencias laborales, parece que Jacob experimenta un engaño tras otro, una traición tras otra. Sin mencionar que todavía vivía con miedo a la venganza de su hermano.

En lo que parece una dicotomía existencial confusa que surge del recorrido de la vida de Jacob a través de la prosa histórica, nos damos cuenta de que mientras Jacob lidia con las consecuencias de sus acciones, simultáneamente está siendo testigo de la realización de las palabras que *el Señor* le declaró en ese *lugar determinado.*

En verdad, cuanto más reflexiono sobre el viaje de Jacob, más me quedo sin palabras. ¿Por qué? Porque a primera vista, cuando leo sobre su acumulación de riqueza (¡mientras estaba huyendo, nada menos!) inmediatamente lo atribuyo al trabajo arduo. Lo atribuyo a la diligencia y la resiliencia, hasta que me recuerdan la promesa que se le dio durante su visión del cielo. Esto no es simplemente Jacob trabajando, sino un sueño del tamaño de Dios que se está cumpliendo a pesar de las deficiencias de Jacob. Es su consecuencia y su éxito caminando de la mano.

Imagina si Jacob hubiera sucumbido a una vida de parálisis emocional. ¿Qué pasaría si hubiera desestimado la visión como una pesadilla nocturna debido a su deficiencia moral? ¡No! Jacob siguió adelante *mientras* lidiaba con las consecuencias. Y si creyéramos que Jacob barrió su engaño bajo la alfombra proverbial y siguió adelante con su vida como si nada hubiera pasado, estaríamos tristemente equivocados. Durante años, incluso mientras presenciaba el éxito, lidiaba con el miedo de encontrarse con su hermano.

Jacob ideó un plan para encontrarse con su hermano. Envió siervos, regalos y mensajes, e incluso oró con la esperanza de no perder la vida a manos de un hermano vengativo. Mientras esperaba el regreso de sus siervos, preguntándose qué noticias traerían de su hermano, Jacob se quedó solo. Mientras estaba solo, *un Hombre* luchó con él. Cuando esta figura divina notó que no podía prevalecer contra él, dislocó la cadera de Jacob y lo dejó cojeando (Génesis 32:24-25).

Y él le dijo: ¿Cómo te llamas? Y él respondió: Jacob. Y el hombre dijo: Ya no será tu nombre Jacob, sino Israel, porque has luchado con Dios y con los hombres, y has prevalecido. (Génesis 32:27-28, LBLA).

Esta es la primera vez que se nos revela la lucha continua de Jacob. Lo sabíamos desde el principio al leer el texto; pero ahora se nos dice que a pesar del éxito de Jacob, ha estado viviendo en una lucha perpetua. Y como si eso no fuera suficiente, ahora camina cojeando y todavía teme encontrarse con su hermano.

Sin embargo, al igual que su nombre ha cambiado, también lo han hecho sus circunstancias. El tiempo ha sanado el corazón de su hermano. Cuando llegó el momento de verse cara a cara, Dios había escuchado las oraciones de Jacob de remordimiento y arrepentimiento, y el perdón familiar se produjo. Las consecuencias de sus acciones habían sido un compañero constante, pero no lo suficientemente fuertes como para detenerlo de ver el cumplimiento de los sueños del tamaño de Dios.

> **Las consecuencias pueden ser tu compañera, pero nunca serán tu dueña.**

El éxito no significa la ausencia de consecuencias. Tampoco significa que todo en tu vida se alineará perfectamente a medida que progreses y eventualmente experimentes el cumplimiento de un sueño del tamaño de Dios. En cambio, significa:

- Al igual que Jacob, puedes experimentar el éxito mientras luchas con el miedo.
- Al igual que el apóstol Pablo en la Biblia, puedes convertirte en uno de los escritores más influyentes y prolíficos mientras lidias con una espina agonizante en tu carne.
- Al igual que David en la Biblia, puedes tener que desarrollar resiliencia y crecer en el propósito de Dios para tu vida mientras eres perseguido, robado y degradado, demostrando ser digno de la promoción para la que fuiste llamado.

En una ocasión escuché a alguien sugerir: "Cuando el amanecer de cada día rompa el silencio de la noche, ¡levántate, vístete, preséntate y nunca te rindas!". A pesar de la dimensión del fracaso y la traición, te recuerdo una vez más: una mayor dimensión se avecina en el horizonte. El fracaso no es el final. La traición no es el final. Las consecuencias pueden ser tu compañera, pero nunca serán tu dueña.

A medida que avanzas más allá de esta dimensión desgarradora, permíteme recordarte que una vez que tengas una muestra de lo que puede ser el cumplimiento de tus sueños, no hay vuelta atrás. Sigue adelante, sabiendo que tus defectos nunca serán lo suficientemente grandes como para limitar el cumplimiento de los sueños del tamaño de Dios. Viajemos juntos mientras nos movemos hacia la tercera dimensión.

TERCERA DIMENSIÓN
UNA PROBADITA

UNA PROBADITA

FRACASO O TRAICIÓN

SUEÑOS Y VISIONES

SOLO ES UNA MUESTRA

"Algunos se pierden la abundancia porque se conforman con una muestra".
—C. Olmeda

¡Todavía recuerdo la sensación! ¡La sensación de anticipación! Esa sensación que tienes cuando sabes que estás a punto de experimentar algo poderoso, algo que has estado esperando, pero el misterio de lo desconocido se vuelve abrumador.

¿A quién se parecerá? ¿Será un bebé sano?

Habían sido cuatro años agotadores para mi esposa y para mí. Después de dos embarazos ectópicos y una montaña rusa de emociones, mi esposa estaba a punto de ser inducida y daríamos la bienvenida a nuestra primogénita al mundo. Nada en este mundo se compara con ese momento. El milagro de la vida. La belleza de una mujer llevando a un hijo a través del parto mientras navega por el emocionante viaje de cambios físicos, emocionales y hormonales. Nada se compara con eso. Ese momento haría que cualquier hombre se tambaleara de emoción.

Incluso mientras escribo esto, me río al recordar mi comportamiento ignorante mientras ella empujaba a nuestro bebé hacia este mundo. En ese momento, mientras estaba acostada en la cama del hospital, ninguno de los sacrificios de mi esposa cruzó por mi mente. En cambio, estaba de pie a su lado, simplemente esperando cosechar las recompensas de la alegría y la euforia al dar la bienvenida a nuestra primera hija. Mi esposa y yo nos reímos de esto ahora, mientras ella comparte sus pensamientos sobre mis actuaciones paternales: "Mientras quedaba acostada allí, sintiéndome como si hubiera pasado por una guerra", dice bromeando, "todo lo que mi esposo pudo hacer fue sonreír de oreja a oreja y seguir a las enfermeras mientras llevaban al bebé para un chequeo de salud y una limpieza adecuada. ¡Hola! ¿Qué hay de mí?" (espero que mi emoción no ensayada al experimentar el milagro de la vida y presenciar cómo Dios nos bendijo con una hermosa niña justifique mi comportamiento ignorante).

Este milagro de la vida ha cambiado la vida de muchas familias de maneras que se han convertido en una respuesta a sus oraciones. Para otros, lo que ha sido un cambio de vida ha sido su incapacidad para concebir. En algún lugar a lo largo del espectro, entre los que pueden y los que no, hay muchas otras complicaciones, desde embarazos inesperados hasta embarazos no deseados y todo lo demás. Mi objetivo aquí no es destacar uno sobre el otro o juzgar las circunstancias de otra persona. Oro por todas las familias que desean tener un hijo y no pueden. Oro para que, como algunas de las mujeres en la Biblia, ellas también experimenten el milagro de la vida de la manera que sea posible.

Para mi esposa y para mí, todo cambió en un instante. El dolor y la frustración de múltiples embarazos perdidos ahora eran un recuerdo distante. Cualquier lucha que hubiéramos experimentado fuera del tema de tener hijos o de formar una familia parecía insignificante. Estábamos sosteniendo un milagro, y nada más importaba.

Me pregunto si eso es lo que sintieron Abraham y Sara al dar la bienvenida a Isaac. La promesa que Dios le dio a Abraham eclipsó su fracaso con Agar. En realidad, las complejas consecuencias de esa decisión insensata no habían desaparecido por completo. Por un momento en el tiempo, la pareja se regocijó en el gusto de algo más grande de lo que jamás habían imaginado. Una imposibilidad se había convertido en el comienzo de un milagro que cambiaría el mundo. Cualquier éxito que hubieran presenciado hasta ese momento se desvaneció en comparación con ese momento. En Isaac recibieron el gusto de una promesa; y sus vidas, tal como las conocían, nunca serían las mismas.

¿POR QUÉ SOLO UNA MUESTRA?

¿Una muestra? ¿Por qué sugiero que Isaac fue solo una muestra—una probadita—de una promesa? ¿No fue él el cumplimiento? A primera vista parece ser así, hasta que volvemos a visitar la promesa inicial: "Mira hacia el cielo y cuenta las estrellas, a ver si puedes. ¡Así de numerosa será tu descendencia!" (Génesis 15:5, NVI). Pero no nos adelantemos. Solo porque Isaac fue solo una muestra de lo que vendría no significa que Abraham y Sara no pudieran ni debieran haberse regocijado en la alegría de recibir algo (o a alguien) que habían perdido la esperanza de recibir. Esto fue, sin duda, un avance hacia una nueva dimensión.

> **Una muestra de lo que está por venir te ha sido dado como un recordatorio de que el sueño sigue vivo.**

Finalmente, la dimensión del fracaso ha llegado a su fin (a lo menos por ahora, volveré a esto en los capítulos de la quinta dimensión). Esto es clave para entender la progresión de cada dimensión. Llega un momento en el que, aunque experimentes las consecuencias de errores pasados, debes estar abierto a aferrarte firmemente a tu visión original del tamaño de Dios, aunque sea como una muestra—una probadita. Muchos entierran su sueño del tamaño de Dios bajo el peso de la culpabilidad que a menudo acompaña al fracaso. ¡No lo permitas! Una muestra de lo que está por venir te ha sido dado como un recordatorio de que el sueño sigue vivo.

Este es el momento en que el impulso supera el estancamiento. El momento en que puedes volver a soñar. El momento en que te das cuenta de que, aunque fallaste y caíste, el sueño sigue vivo, la visión se ha vuelto clara una vez más. Disfruta del gusto de la promesa.

ATRAPADO EN LA MEDIOCRIDAD

La segunda dimensión y todo lo que implica puede evocar un sentido de derrota que oscurece tu visión del tamaño de Dios. Cuando eso sucede, surge la mediocridad.

El libro de Génesis destaca a un hombre llamado Téraj, casualmente el padre de Abraham, quien experimentó la mediocridad y nunca se recuperó. Téraj tenía una visión. Quería llegar a la tierra de Canaán. Téraj salió con su familia de Ur de los Caldeos, ya que Dios había prometido esta tierra a Abraham y a su descendencia. Sin embargo, llegaron a Harán y algo sucedió. Génesis 11:31 (LBLA) nos dice que "salieron juntos de Ur de los caldeos, en dirección a la tierra de Canaán; y llegaron hasta Harán, y se establecieron allí".

¿Cuántas veces comenzamos con un sueño o visión y nos detenemos en el camino? Momentos de fracaso se infiltran y nos detenemos. La traición atraviesa inesperadamente nuestros corazones y nos detenemos. Nos cansamos, enfrentamos obstáculos o encontramos conveniente quedarnos donde estamos. Nos comprometemos y nos convencemos de que solo podemos soportar hasta cierto punto, menos de lo que habíamos soñado o imaginado. Pero conformarse con la mediocridad no es parte de tu sueño del tamaño de Dios; no encaja con tu visión del tamaño de Dios.

La palabra mediocre literalmente significa "en un estado intermedio". Es decir, no estás donde solías estar, pero tampoco hay un movimiento hacia adelante. Es habitar el lugar entre el fracaso y el éxito.

La tercera dimensión sirve como un recordatorio emocionante de que la promesa sigue viva; que la visión se ha vuelto clara una vez más. Sin embargo, también sirve como una advertencia de que, al igual que encontrarte en el medio de la primera y la quinta dimensión, también puede convertirse en tu lugar de mediocridad.

Para Abraham y Sara había muchas razones por las cuales debían deleitarse con el nacimiento de Isaac. ¿Por qué no lo harían? Isaac representaba el comienzo del cumplimiento de la visión del tamaño del Dios de Abram (ahora Abraham). Aunque el nacimiento de Isaac demuestra la fidelidad de Dios, no fue la realización completa de la promesa. La visión trascendía a un solo hijo. Entonces, aunque ese gusto superó la amargura del fracaso de Abraham, él no podía dejar que sus emociones se acomodaran demasiado y convertir ese gusto en un lugar de mediocridad que nunca llegaría a su cumplimiento.

LA MUESTRA DE JOSÉ

Piensa en nuestro protagonista José. Sus sueños del tamaño de Dios provocaron burlas de sus hermanos. Sus burlas se convirtieron en envidia y su envidia en odio. El hijo amado de la casa fue vendido como esclavo. ¿Puedes imaginarte el mar de emociones que debió haber sentido José? Quizás se preguntó: *¿Qué he hecho para merecer esto? He pasado de una traición a otra. ¿Cuándo va a terminar?* Pero como he dicho antes, ninguna dimensión dura para siempre.

El sueño del tamaño de Dios de José superó las acciones de sus detractores. Su sueño, combinado con su carácter, fue una plataforma de lanzamiento para el cumplimiento de su sueño, aunque sus circunstancias podrían haber sido el comienzo de su ruina. Por un acto de providencia, José consiguió un puesto en la casa de un oficial egipcio. Tan providencial fue su experiencia que la Biblia señala: "Pero el Señor estaba con José, que llegó a ser un hombre próspero" (Génesis 39:2, NBLA).

> **No importa el éxito que experimentó, José debió distinguir entre la PLENITUD de su sueño y una MUESTRA de esa plenitud.**

Es aquí donde literalmente sonrío mientras escribo este manuscrito. A medida que proceso la progresión de cada dimensión, mentalmente navego el sube y baja de emociones que viene con cada una. Mi mente vuelve a visitar la emoción que pudo haber sentido José al recibir no una, sino dos versiones de un sueño del tamaño de Dios, aunque no sin algún nivel de incertidumbre. Luego, justo cuando está soñando despierto sobre cómo se manifestaría el sueño, se encuentra en manos de traidores. Para empeorar la situación, su traición provino de su propia familia. ¿Alguna vez te has sentido así? Justo cuando el abrumador aguijón de la perfidia de sus hermanos parece interminable, encuentra alivio en una muestra éxito.

¿Por qué una muestra? Sin revelar demasiado, diré que su éxito temporal fue exactamente eso: temporal. Como tal, no importa el éxito que experimentó, él debía distinguir entre la plenitud de su sueño y una muestra de esa plenitud.

DISFRUTA EL GUSTO

En la parte de la quinta dimensión de este libro, profundizaré en cómo hacer una clara distinción entre un gusto de lo que está por venir y la plenitud de un sueño o visión del tamaño de Dios. Pero por ahora, permíteme animarte... disfruta del gusto. Disfrutar del gusto de lo que está por venir te prepara para una mayor dimensión. Déjame darte algunos ejemplos.

> **No te enamores tanto de la muestra, de modo que te pierdas la siguiente dimensión.**

Ya sea que estés familiarizado o no con algunas de las historias bíblicas compartidas a lo largo de este libro, siguen una progresión que se asemeja mucho al modelo de la quinta dimensión. Entonces, si no estás familiarizado con la historia de José, el gusto fue la casa de Potifar, y lo preparó para administrar el cumplimiento de su sueño. Entonces, me pregunto, ¿qué habría pasado si José hubiera luchado contra el proceso? ¿Qué habría pasado si José no hubiera dado lo mejor de sí mismo incluso mientras experimentaba algunos de los peores momentos de su vida? Nadie lo sabe con certeza. Pero yo especulo: ¿podría haber perdido algunos momentos cruciales que habrían catalizado el cumplimiento?

¿Estoy sugiriendo que ignores esos gustos temporales una vez que te des cuenta de que no son el cumplimiento de algo mayor? ¡Para nada! ¡Todo lo contrario! Estoy sugiriendo que los disfrutes como un alivio de la segunda dimensión del fracaso o la traición. Te sugiero que saborees esos momentos, por muy cortos o largos que sean, pero no te enamores tanto de la muestra, de modo que te pierdas la siguiente dimensión.

Muchas personas han tenido que hacer una distinción entre gusto y cumplimiento antes de experimentar la plenitud de un sueño del tamaño de Dios.

- El pueblo de Israel fue instruido para enviar espías a una tierra que Dios les había prometido. Los espías regresaron con una muestra de los frutos de la tierra; un gusto de lo que experimentarían. Pero al final del día, solo era un gusto. No importaba cuántas uvas, granadas e higos trajeron de vuelta; necesitaban recordar que solo era un gusto.
- José experimentó un éxito sin precedentes mientras servía como esclavo en la casa de Potifar, era más un oficial al mando

que un esclavo. Pero cuando llegó el momento de hacer una distinción entre conformarse o correr hacia algo mayor, tuvo que recordarse a sí mismo que solo era un gusto.

- Abraham finalmente pudo ver y sostener a su hijo Isaac. Pero cuando llegó el momento de perderse en la emoción de Isaac o avanzar hacia el cumplimiento de un sueño mayor, tuvo que recordarse a sí mismo que solo era un gusto.
- Incluso Jesucristo, quien vino a la tierra para redimir a la humanidad y salvarnos de vivir por debajo de nuestro propósito divino al morir por nuestros pecados, experimentó un gusto del cielo en una montaña donde fue transfigurado. Por poderoso y divino que fue, solo fue un gusto. Todavía tenía que avanzar hacia el cumplimiento de un sueño del tamaño de Dios.

¿Qué hay de ti? ¿Has experimentado un gusto de algo solo para enamorarte de él y luego ver que llega a su fin? ¿Por qué sucede eso? Es porque la dimensión del fracaso o la traición ha dado un golpe tan brutal a tu estabilidad emocional que disfrutar de un gusto de algo grandioso brinda alivio. ¿Quién no querría establecerse en momentos de alivio?

Como en la historia de mi primogénito, ¿quién no querría experimentar la emoción del nacimiento de sus hijos? Después de todo, ¡se siente como una dicha eterna! ¿Deberías ignorar esos momentos simplemente porque no durarán para siempre? ¡No! Todo lo contrario. Disfrutas cada momento, cada hito. Sin embargo, la verdad es que esos momentos deben crecer y convertirse en algo mayor.

> **Disfruta del gusto que te ha recordado que el sueño, esa visión, todavía está vivo.**

Cuando esos momentos lleguen, decide cambiar tu forma de pensar. No puedes quedarte atrapado preguntándote, preocupándote o sintiéndote ansioso como si el cumplimiento de algo hubiera llegado a su fin. ¡No! Debes darte cuenta de que fue un gusto que exigía tu atención y te preparaba para otra dimensión de tu vida, una dimensión de crecimiento, madurez y preparación para lo que está por venir. Y la forma en que manejes ese gusto bien podría determinar cómo será tu futuro (encontrarás más sobre esto en un capítulo posterior).

Por ahora, disfruta del gusto que te ha ayudado a trascender la temporada de fracaso o traición. Disfruta del gusto que te ha recordado que el sueño, esa visión, todavía está vivo. Por ahora disfruta del gusto y aprende a reconocer los recordatorios que te ayudan a mantener el sueño vivo.

UNA MONEDA DE DIEZ CENTAVOS

"Una muestra de lo que el futuro tiene reservado es la forma en que Dios te recuerda mantener vivo el sueño".
—C. Olmeda

En medio de las pruebas y tribulaciones de la vida es fácil perder de vista nuestros sueños del tamaño de Dios. Nos enredamos tanto en el caos, tan abrumados por los desafíos que enfrentamos en la dimensión del fracaso y la traición, que comenzamos a dudar si nuestros sueños son siquiera alcanzables. Sin embargo, en esos momentos de desesperación, creo que Dios envía recordatorios: sutiles impulsos, bendiciones inesperadas o momentos de claridad, para asegurarnos que todavía hay un propósito, un plan y un sueño para nuestras vidas.

Uno de los recordatorios más poderosos viene a través de la naturaleza. En el libro de Génesis, leemos sobre la creación magistral de los cielos y la tierra por parte de Dios. A lo largo de la Biblia, la naturaleza se utiliza a menudo como metáfora del amor, la fidelidad y la creatividad de Dios. La belleza de un amanecer pintando el cielo con sus brillantes tonos de color, el suave susurro de las hojas en el viento o el diseño intrincado de una flor pueden servir como recordatorios de la presencia de Dios y de Su promesa de un futuro esperanzador y el cumplimiento de los sueños.

LOS SUEÑOS NACEN EN EL CAOS

Este libro, coincidentemente, se estructuró durante uno de los momentos más difíciles de mi vida. Al finalizar mi maestría, uno de mis profesores pidió a nuestra clase que encontrara un lugar remoto y meditara durante al menos medio día. Sin otra agenda... solo meditar. Él dijo: "Mientras lo hacen, comiencen a escribir lo que experimenten". Eso fue todo. Esas fueron sus instrucciones.

De acuerdo, viajé a un centro de retiro a una hora de mi casa. Sin expectativas, decidí pasar el día en el bosque. Lo recuerdo vívidamente. Era un día de otoño caluroso y tranquilo. No había viento, ruido de la ciudad, ni muchas personas a la vista. El día era perfecto para meditar. Si eres como yo, mi mente estaba abarrotada con mi lista de tareas, ideas preconcebidas sobre cómo sería esta tarea y una serie de otros asuntos personales. No fue sorprendente que me costara experimentar el silencio absoluto. Me tomó mucho esfuerzo intencional silenciar esas voces internas.

Sin una agenda predefinida, decidí caminar desde un espacio privado que había reservado en un centro de conferencias adyacente, a través del bosque y subiendo una colina hasta una pequeña capilla. Debo admitir que todo a mi alrededor estaba inquietantemente silencioso. No estoy seguro de si todo el ruido mental interno que abarrotaba mi mente estaba ahogando los sonidos de la naturaleza, pero ni los pájaros parecían cantar: no se movían las hojas, ni se veía a ningún animal o criatura del exterior.

Mientras caminaba hacia la capilla, intentando estar completamente presente en el momento, me detuve a mitad del camino de tierra y me pregunté por qué y cómo podía estar tan silencioso en una tarde de otoño. ¿Acaso no debería ver y escuchar el movimiento de las hojas? Antes de que otro pensamiento pudiera infiltrarse en mi mente ya llena, pude sentir el comienzo de un ruido. No hay otra manera de explicarlo más que "surrealista". Como si la naturaleza hablara, un susurro, como algo salido de *Las Crónicas de Narnia*, ocurrió tan rápido y de repente que me detuve en seco. Un minuto, el silencio total me hacía cuestionar qué me estaba perdiendo, y al siguiente momento, la naturaleza estaba hablando de una manera que me hizo estremecerme.

Como solo puede articularlo la persona que lo experimenta, escuché una voz. La voz me recordó: *¡Estoy aquí!* No era una voz audible. Era una impresión profunda dentro de mí. Un recordatorio de Dios, un recordatorio tan claro que no me dejó ninguna duda de que el momento que estaba experimentando era verdaderamente divino. Tomé un momento para deleitarme en lo que consideraba un momento sagrado. En un instante, me vino a la mente un salmo que destaca que "los cielos proclaman la gloria de Dios, y el firmamento anuncia la obra de Sus manos" (Salmos 19:1, NBLA). ¡Dios había captado mi atención a través de la creación y yo estaba escuchando!

En lugar de continuar mi camino hacia la capilla, regresé a la habitación en el centro de conferencias. Ansioso por escribir sobre lo que había experimentado, me senté, con papel y lápiz en mano. Pero en lugar de escribir sobre lo que acababa de ocurrir, comencé a trazar el esquema de este manuscrito, como si fuera por revelación divina. Inmediatamente me di cuenta de que tenía sueños del tamaño de Dios incrustados profundamente dentro de mí. Sin embargo, momentos de fracaso y traición, y todos los desafíos de la vida, casi habían destruido esos sueños; pero por la previsión divina de Dios, aquí estaba, recordando que incluso en medio de mis desafíos Dios estaba presente y consideraba oportuno hablarme de cosas mayores por venir.

> **No estar completamente presente es perderse el nacimiento de los sueños divinos.**

Haz una pausa conmigo por un momento y reflexiona sobre esto. En ese momento, nada había cambiado, sin embargo, todo había cambiado. ¡Oh, la paradoja! Nada sobre mis desafíos personales había cambiado. Las preocupaciones que tenía en esta etapa de mi vida y todo lo que ocurría a mi alrededor no se habían disipado. No había comprado una nueva casa, abierto un nuevo negocio ni recibido una gran cantidad de dinero o algo de gran importancia material. Sin embargo, todo había cambiado. Dios me había recordado divinamente que, en primer lugar, Él estaba plenamente presente. En segundo lugar, me di cuenta de que ningún desafío personal temporal puede detener los sueños del tamaño de Dios de incrustarse profundamente dentro de mí. En tercer lugar, aprendí que no estar completamente presente es perderse el nacimiento de los sueños divinos. Nunca habría imaginado que los sueños podrían nacer en medio del caos.

Nunca temas tomarte un tiempo de una vida apresurada para escuchar. "¿Qué estoy escuchando?", podrías preguntar. Permíteme responder de esta manera. No sabía lo que estaba escuchando cuando me aventuré a un centro de retiro para trabajar en una tarea con muy pocas indicaciones. Con una formación en historia ministerial basada en lo espiritual, puedo dar una respuesta de libro de texto que puede sonar espiritualmente alineada con algún tipo de dirección sagrada. Puedo darte una respuesta de libro de texto sobre cómo estaba escuchando la voz de Dios o buscando estar más espiritualmente sintonizado. Podría decirte que estaba buscando obtener dirección y respuestas a algunos de los desafíos que estaba enfrentando. Sin embargo, la verdad es que no era nada de eso. Estaba en una tarea para buscar paz y tranquilidad y escribir sobre mi experiencia. Nada más, nada menos.

Entonces, a veces, tomarse el tiempo para escuchar no es solo recorrer un tiempo de meditación con alguna noción preconcebida de lo que quieres decir o hacer. A veces se trata de salir en obediencia y estar completamente presente en el momento. Se trata de permitir que Dios sea Dios en tu vida.

Sin importar cómo lleguen, los recordatorios pueden catalizar un futuro asombroso. Aunque esos momentos no lleguen con cambios instantáneos, cambian algo dentro de ti que, en última instancia, produce la capacidad y el temple para resistir. Esos momentos despiertan en ti la resiliencia para avanzar y cumplir sueños del tamaño de Dios. ¡No te pierdas el momento!

DIEZ ES LA PLENITUD

Ese momento sagrado marcó el inicio de años de recordatorios. No solo simples recordatorios, sino recordatorios muy necesarios en algunos de los momentos más vulnerables de mi vida. A medida que avanzaba en mi trabajo de posgrado, los sueños del tamaño de Dios también persistían. Excepto que, como muchos de nosotros, mis circunstancias actuales no coincidían con mis sueños del tamaño de Dios.

He perdido la cuenta de la cantidad de personas a las que he hablado, personas con sueños y visiones del tamaño de Dios cuyo estado financiero no coincidía con la magnitud de sus sueños. Personas cuyo círculo de influencia personal no coincidía con el nivel de impacto para el que fueron creados. Personas cuyos recursos no coincidían con su nivel de innovación. Sin embargo, avanzaron. No sabían cuándo, cómo o a través de quién lograrían los sueños incrustados dentro de ellos, pero avanzaron. ¿Te has encontrado en ese dilema?

Cuando existe un desequilibrio entre la magnitud de tus sueños y el estado de tus recursos, los recordatorios te impiden abandonar esos sueños. Esto no es una conceptualización inventada de cómo funcionan los sueños del tamaño de Dios. ¡No! Los recordatorios son la manera en que Dios mantiene vivo tu sueño mientras navegas por cada una de las dimensiones delineadas a lo largo de este libro. Los recordatorios a menudo aparecen en la dimensión del gusto porque se convierten en impulsos, señales, que te mantienen avanzando a pesar de las incertidumbres. Se convierten en una especie de una muestra de lo que está por venir.

A medida que pasó el tiempo y volví a mi vida ministerial y académica, algo extraño comenzó a suceder. Al principio, no le di importancia. A medida que las ocurrencias aumentaban, supe que no eran coincidencias. Comencé a encontrar monedas de diez centavos en los lugares más inusuales.

Seré el primero en decirte que no soy una persona muy mística. A menudo les digo a los líderes emergentes y muy motivados espiritualmente que hagan grandes cosas, y cuando sientan que tienen la cabeza en las nubes, es mejor que se aseguren de que sus pies estén plantados en la tierra. Quiero recordarles que se aseguren de ser tan prácticos como espirituales.

Así que nunca he sido de los que se involucran demasiado en la numerología bíblica, aunque creo que tiene su lugar. Pero a medida que el fenómeno de encontrar monedas de diez centavos aumentaba, también lo hacía mi deseo de profundizar en cualquier posible significado. Descubrí que el número diez está asociado con la finalización. No soy matemático, pero sé que el diez completa un ciclo. En el momento en que llegas al diez, cualquier cosa después es un aumento en su repetición. Por ejemplo, el número once no es un número nuevo, por así decirlo. Es diez, aumentado en uno, un número ya incluido en el conjunto inicial de diez. El diez, en esencia, es el número de la finalización. Los Diez Mandamientos en las Escrituras Hebreas, por ejemplo, denotan un conjunto completo de mandatos que forman el marco para un comportamiento moral y honroso a Dios.

¿Qué estaba experimentando y por qué estaba encontrando monedas de diez centavos por todas partes? No encontraba centavos, ni monedas de cinco ni de veinticinco centavos. Estaba encontrando monedas de diez centavos. Cuanto más evolucionaba este fenómeno, más notaba que encontraba una moneda de diez centavos en momentos en los que necesitaba un recordatorio sutil para seguir soñando y avanzando. Si estaba en una encrucijada de tomar decisiones y mis emociones se apoderaban de mí, encontraba una moneda de diez centavos. Cuando la magnitud del sueño se volvía mucho mayor que mis recursos, encontraba una moneda de diez centavos. Ya fuera en lo familiar, financiero, emocional o relacional, si estaba atravesando un momento —como muchos de nosotros lo hacemos periódicamente— en que sentía ganas de rendirme, encontraba una moneda de diez centavos. Para muchos la expresión en inglés "on a dime" (en una moneda de diez centavos) puede servir como un axioma que denota rapidez. Para mí, eran recordatorios.

A lo largo de los años, encontrar monedas de diez centavos se convirtió en una ocurrencia regular en los momentos justos. Tanto fue así que solo tomó un momento para solidificar y asegurarme de que no estaba imaginando ni inventando algún fenómeno místico para ser descartado como coincidencia.

Una mañana de domingo, teníamos un orador invitado programado para predicar en la mañana en nuestra iglesia. Aunque lo conocía bien, no teníamos el tipo de relación que requería que nos comunicáramos a menudo. De hecho, nunca habíamos hablado de asuntos personales, excepto por conversaciones generales sobre una organización nacional de la que ambos formábamos parte. Sin embargo, esa mañana fue diferente.

El ministro continuó predicando su sermón. Procedió a orar por las personas que deseaban oración; y justo antes de entregar el micrófono, me llamó al altar. Sin dudarlo, metió la mano en su bolsillo y sacó algo en su mano. Me miró y dijo: "Normalmente no hago esto, y francamente, no sé exactamente qué significa, pero Dios me ha impulsado a compartir algo contigo". Me tomó de la mano y me pidió que la abriera. Me miró a los ojos y dijo: "Esto puede significar algo para ti", mientras colocaba lo que tenía en su mano en la mía. Cuando miré mi mano, casi me desmayé de la sorpresa. Y continuó: "Sentí que Dios me impulsaba a poner diez monedas de diez centavos en tu mano y recordarte que lo que Dios comienza, ¡Él lo completa!". Mientras las lágrimas corrían por mis mejillas, me recordó: "El diez es el número de la finalización, y Dios quiere recordarte que Sus sueños sobre tu vida se cumplirán. En momentos de desesperación, sigue adelante porque lo que ves como incompleto, ¡Dios ya lo ve como terminado!".

> **Mientras más monedas de diez centavos encontraba, más cambiaba mi retórica.**

¡Qué recordatorio! ¡No puede ser más claro que eso! Desde ese momento supe que las monedas de diez centavos eran la forma en que Dios me recordaba que si me encontraba desafiado por la dimensión del fracaso o la traición, necesitaba seguir adelante porque la dimensión una muestra estaba a la vuelta de la esquina. Las monedas de diez centavos se convirtieron en guiñadas de Dios para mí. Se convirtieron en una seguridad divina de Dios, recordándome: "¡Te tengo cubierto!".

Mientras más monedas de diez centavos encontraba, más cambiaba mi retórica. Inicialmente, estaba agradecido por los recordatorios de que algunas de las temporadas más difíciles de mi vida pasarían. Pero a medida que pasaban los años, cada vez que encontraba una moneda de diez centavos en el momento más inesperado o en el lugar más aleatorio, sonreía y decía: "¡Gracias, Dios, por la finalización!". Cuanto más sucedía, más cambiaban mis oraciones de gratitud. Agradecía a Dios por responder a las oraciones incluso antes de verlas cumplidas.

Por ejemplo, una tarde, sin intención de comprar un vehículo, sentí la urgencia de detenerme en una concesionaria de autos mientras regresaba de una reunión a mi oficina. El vehículo que conducía tenía un kilometraje extremadamente alto y me estaba dando bastantes problemas. Al detenerme, vi un hermoso sedán negro que captó mi atención. Curiosamente, era de una marca diferente a los autos dominantes en esa concesionaria. Cuando el vendedor se acercó, dije: "Me gustaría probar este auto" mientras miraba la parte superior del auto. Abrí la puerta y allí, en el suelo, había una moneda de diez centavos. Sinceramente, casi lo compré sin siquiera probarlo, pero mi lado práctico ganó, así que lo probé solo para estar seguro. Cuando regresé, recibí uno de los mejores tratos y mejores garantías que cualquier concesionaria me haya ofrecido. No hace falta decir que esa tarde me fui con ese vehículo, que resultó ser uno de los mejores autos que he tenido.

Por favor, no malinterpretes mi historia de encontrar monedas de diez centavos como una respuesta a tus desafíos o preguntas personales. No tomes una decisión precipitada solo porque encontraste una moneda de diez centavos unos momentos antes. Sin embargo, te pido que estés abierto a los recordatorios. Para mí, han sido (y continúan siendo) monedas de diez centavos. Para ti puede ser algo diferente. Siéntete consolado de que Dios tiene una manera de recordarte que mantengas el sueño vivo porque ¡no estás destinado a irte a la tumba con un sueño del tamaño de Dios no realizado!

¿SE PUEDE CONFIAR EN TI?

"Cuando eres fiel con una pequeña muestra, se puede confiar en que serás fiel con la abundancia!".
—C. Olmeda

¿**Q**ué harás mientras esperas? ¿Qué harás mientras navegas por la incertidumbre de la dimensión del fracaso o la traición? ¿Qué harás al darte cuenta de que lo que parecía un cumplimiento era solo una muestra? Mi recomendación es que demuestres tu carácter siendo fiel a las oportunidades que se te presenten. Hagas lo que hagas, no retrocedas con miedo y temor, ni sucumbas a la frustración. No te quedes estancado ni te conformes con el *statu quo*. Cuando reconoces que las oportunidades a menudo vienen para poner a prueba tu resiliencia y resolución, tu fidelidad demostrará que se puede confiar en ti.

En el viaje de la vida, la confianza es una piedra angular fundamental que moldea nuestras relaciones y oportunidades. Es una mercancía delicada y preciosa. El concepto de ser confiable con poco y demostrar que eres digno de una mayor confianza, incluso en medio de la adversidad, es un principio atemporal y un precursor para entrar en una dimensión mayor.

El adagio "a quien mucho se le da, mucho se le exige" subraya la responsabilidad que viene con la confianza. Sin embargo, antes de que uno pueda ser confiable con mucho, primero debe demostrar que es confiable con poco, y es aquí donde el viaje de la quinta dimensión te lleva a una encrucijada. ¿Te has sentado a esperar que ocurra algo más grande, o has demostrado fidelidad y confianza en lo que puede parecer oportunidades insignificantes o irrelevantes?

Ser confiable con poco es una oportunidad para mostrar integridad, diligencia y compromiso. Es el pequeño acto de llegar a tiempo, completar tareas de la mejor manera posible y constante sirven como la base para la confianza. Estos actos pueden parecer insignificantes, pero son los bloques de construcción del carácter y la competencia. Señalan a los demás que eres una persona en quien se puede confiar, atento a los detalles y capaz de manejar mayores responsabilidades, y una mayor asignación.

PROMOCIONES INESPERADAS

Confía en lo que te digo, soy testigo de este viaje de fidelidad y confianza, incluso mientras navego por temporadas de dificultad e incertidumbre. Poco después de casarme con mi esposa, con quien llevo más de treinta años de matrimonio, fui puesto a prueba con ser confiable con poco, y las monedas de diez centavos fueron un probadita que prometía mejores días por venir.

Lo recuerdo muy bien. Era un recién casado que se había mudado de mi estado natal al estado natal de mi esposa. Con la mudanza vinieron varios giros de eventos que me dejaron luchando por estabilizarme financieramente. ¿Qué iba a hacer? Era un nuevo esposo y tenía un hogar y una esposa de los que cuidar. Tenía sueños del tamaño de Dios, pero mi condición actual no coincidía con mis sueños. ¿Me siento y espero? ¿Me enojo con Dios por mis desafíos? ¿O sigo adelante y hago lo que pueda mientras oro por días mejores? Ojalá pudiera decirte que tenía un plan. ¡No lo tenía! Estaba en modo de supervivencia. Me sentía como José, traicionado por sus hermanos, vendido como esclavo y asignado a la casa de Potifar como siervo. Estaba en modo de supervivencia, haciendo lo mejor que podía con las oportunidades que tenía delante.

Además de un trabajo a tiempo completo, conseguí un trabajo a medio tiempo en una empresa de telemercadeo en un intento de salir adelante. Probablemente los conoces muy bien: las personas que te llaman en horas extrañas para venderte seguros, tarjetas de crédito y una plétora de otros productos. Ese era yo.

Así que, a pesar de los sueños incrustados dentro de mí, esta temporada requeriría que mi esposa me llevara al trabajo por la mañana y luego se fuera a su propio trabajo. Luego tendría que recogerme después del trabajo y llevarme a mi trabajo a medio tiempo. Como si eso no fuera suficiente, tendría que recogerme después de las 10 p.m. para hacer lo mismo al día siguiente. Sin duda, ese horario comenzó a afectar nuestro nuevo matrimonio en un corto período de tiempo.

> Si hacía lo que otros no hacían, podría obtener lo que otros no obtendrían.

A pesar de esa dificultad, me enseñaron desde pequeño que debes dar lo mejor de ti, sin importar los desafíos de la vida. Con esto en mente, o me detenía en casa para cambiarme de ropa rápidamente o llevaba un conjunto de mis *mejores trajes de Domingo* antes de ir a mi trabajo a medio tiempo. Si supieras cómo se vestía la gente en esta empresa de telemercadeo, encontrarías ridículo vestirse elegantemente solo para sentarse frente a un teléfono en una sala con unas cien personas y hacer llamadas telefónicas durante cuatro o cinco horas. Sin embargo, a pesar de tener un estatus de medio tiempo y estar en medio de una temporada difícil, llegaba cada noche y trabajaba como si mi vida dependiera de ello. Como si fuera el presidente de una compañía, y para burla de algunos compañeros de trabajo, a menudo llegaba con traje y corbata.

No puedo enfatizar cuántas veces tuve que convencerme de que no estaba siendo ridículo. Repetidamente me disuadía de llamarme a mí mismo tonto por pensar que, de alguna manera, ser diferente me distinguiría de los muchos empleados que a menudo llegaban como si acabaran de levantarse de la cama. Sin embargo, a pesar de las batallas internas, las burlas y lo que parecía una vida sin salida, me convencí de que si hacía lo que otros no hacían, podría obtener lo que otros no obtendrían.

Aproximadamente dos meses después de comenzar el trabajo, fui convocado a la oficina de la directora ejecutivo para una reunión. Con un corazón latiendo rápidamente, me pregunté qué había hecho mal. *Tal vez el representante de control de calidad, que escuchaba nuestras llamadas, me había reportado al director,* pensé. Como si mi corazón no latiera ya más rápido que en un entrenamiento de alta intensidad, el director ejecutivo me dijo que la razón de nuestra reunión era informarme que en dos días el vicepresidente viajaría a nuestra oficina y deseaba reunirse con ambos.

Estaba familiarizado con el vicepresidente. Sus visitas nunca eran buenas. Había presenciado cómo se metía en una discusión acalorada con uno de los supervisores. Créeme, no quería tener nada que ver con reunirme con él. A pesar de mis preguntas, la directora ejecutiva se negó a advertirme sobre por qué este oficial corporativo querría reunirse conmigo. Admito que se sintieron como los dos días más largos de mi vida.

Dos días después, vestido con mi *mejor ropa de Domingo*, a la que me había acostumbrado a usar en el trabajo, entré en la oficina la directora ejecutiva para la tan esperada reunión. "Charles", dijo con seriedad, "puede que encuentres esta reunión sorprendente. Pero él (el vicepresidente) pidió reunirse contigo basándose en varias conversaciones que hemos tenido sobre ti".

En ese momento, quise interrumpir la conversación y decir: "Solo dime qué hice mal, y aceleremos este proceso".

> **Todos hemos experimentado esa sensación persistente de descontento, y debería hacernos sentir lo suficientemente incómodos como para seguir adelante hasta que algo cambie.**

Mientras esperaba ansiosamente malas noticias, el vicepresidente interrumpió la conversación y anunció que la directora ejecutiva había aceptado un puesto en otra empresa, y quería considerarme para el puesto ahora vacante. ¿Lo estaba escuchando correctamente? ¿Y cómo uno oculta la sonrisa más grande que tienes sin parecer poco profesional? No podía creerlo. *¡Apenas llevo un par de meses aquí!*, pensé. *Algunos supervisores han estado aquí durante años. ¿Qué pasa con ellos?* Los pensamientos seguían llegando. *¡Nunca he dirigido a tantas personas! ¡Mi conocimiento es limitado!* Y así sucesivamente, todo tipo de preguntas y preocupaciones inundaron mi mente. Pero sin dudarlo, dije: "¡Gracias! Me sentiría honrado de ser considerado para el puesto".

En los siguientes meses perdí al 50% de mis supervisores que estaban enojados porque un joven, demasiado bien vestido e inexperto, había sido ascendido al puesto más alto de esa instalación. Todo lo que necesitaba era una probadita: un gusto de promoción, potencial de liderazgo y oportunidades inesperadas. Elegí luchar contra la complacencia que a menudo viene cuando obtenemos una muestra, y en su lugar, seguí adelante.

¿Con qué estás insatisfecho? Eso será diferente para ti de lo que fue para mí. Todos hemos experimentado esa sensación persistente de descontento, y debería hacernos sentir lo suficientemente incómodos como para seguir adelante hasta que algo cambie.

Lo que había sido un trabajo a medio tiempo insignificante para llegar a fin de mes, ahora reemplazaría mi trabajo a tiempo completo y aumentaría mis ingresos más que ambos trabajos combinados. Siendo el soñador temeroso de Dios que era, podía sentir mis emociones elevarse de gratitud. *Valió la pena la burla*, pensé un día. *Gracias, Dios, por la capacidad de destacar y dar lo mejor de mí a pesar del caos actual,* oré.

> **Los tiempos difíciles son a menudo las pruebas que demuestran si puedes ser digno de confianza.**

A medida que los pensamientos de gratitud inundaban mi mente, también lo hacían los pensamientos de *¿y si?* ¿Y si hubiera pasado desapercibido como todos los demás? ¿Y si hubiera llamado diciendo que estaba "enfermo" cada vez que me sentía cansado o frustrado por vivir en la proverbial rueda de hámster, corriendo en círculos día tras día? ¿Y si hubiera tratado esto como un segundo trabajo y simplemente hubiera intentado salir adelante sin dar lo mejor de mí?

Permíteme recordarte que los tiempos difíciles son a menudo las pruebas que demuestran si puedes ser digno de confianza. La adversidad tiene una forma de revelar el verdadero carácter. Despoja la fachada y expone el núcleo de quiénes somos. Cuando enfrentamos pequeños desafíos que Dios nos ha confiado, ya sean personales o profesionales, la manera en que actuamos dice mucho. Es fácil ser confiable cuando las circunstancias son favorables, pero la verdadera prueba viene cuando la presión aumenta, los recursos son escasos y el camino a seguir está envuelto en incertidumbre.

Ser digno de confianza con poco durante esos tiempos requiere resiliencia. Exige una fuerza interior para perseverar, mantener los estándares de excelencia y cumplir con la palabra dada. Se trata de ser ingenioso. Se trata de encontrar soluciones dentro de circunstancias limitadas y mantener una actitud positiva incluso cuando las probabilidades están en tu contra. Tal resiliencia no solo ayuda a navegar por tiempos difíciles, sino que también demuestra a los demás que tu confiabilidad no depende de las circunstancias.

A medida que demuestras tu fortaleza (tu fibra moral) frente a la adversidad, ganas la confianza de quienes te rodean. ¿Cómo crees que nuestro protagonista, José, pasó de ser un esclavo a recibir la plena confianza de su amo sobre toda su casa y posesiones? El carácter de José estaba asociado con la confiabilidad y la fuerza, y así podría ser el tuyo.

Presta atención a quién pone Dios en tu vida y escucha.

Una reputación íntegra, construida a lo largo del tiempo a través de acciones consistentes, abre puertas a mayores oportunidades. Los líderes y tomadores de decisiones tienden a notar a aquellos en quienes se puede contar, especialmente cuando es difícil hacerlo. Reconocen el valor y el potencial de aquellos que no flaquean cuando se les confía poco, y, posteriormente, esos líderes les confiarán más.

A medida que permaneces fiel y demuestras que se puede confiar en ti, Dios a menudo pondrá personas en tu camino para impulsarte más y más hacia el cumplimiento de tus sueños del tamaño de Dios. Así que presta atención a quién pone Dios en tu vida y escucha. Por eso, nunca debes quemar puentes ni sabotear relaciones. Honra y respeta las relaciones, primero, porque las personas importan, y segundo, porque pueden ser quienes abran la puerta a tu próxima promoción.

Los siguientes años fueron fructíferos de más formas de las que jamás hubiera imaginado. El representante de control de calidad, quien pensé que estaba allí para darme una crítica mordaz, fue un conducto para otra promoción más. Sugirió que mi profesionalismo y atuendo encajarían mejor en la industria bancaria. Como tal, sirvió como un puente que me lanzó a la gestión bancaria durante varios años. Coincidentemente, en la omnisciencia de Dios, esta temporada se convirtió en parte del marco para muchas de las decisiones que desde entonces he tenido que tomar para asegurar propiedades ministeriales y supervisar proyectos de construcción.

La confiabilidad no se trata solo de lo que uno hace cuando todos están mirando, sino cuando nadie está mirando.

La transición de ser confiable con poco, a ser confiable con más, no se trata solo de mayores responsabilidades o la escala de las tareas; se trata de la profundidad de la confianza ganada. Una confianza más profunda permite oportunidades significativas para influir, liderar y marcar la diferencia. Mide la capacidad de uno para manejar la complejidad, gestionar riesgos e inspirar a los demás.

Además, ser confiable con cosas mayores no es el objetivo final; es un nuevo comienzo. Es una oportunidad para continuar el ciclo de confianza, para guiar a otros en el arte de la confiabilidad y para contribuir a una cultura donde la confianza se valora y se nutre. Es una invitación a dar ejemplo a los demás. Es una oportunidad para demostrar que la confiabilidad no se trata solo de lo que uno hace cuando todos están mirando, sino cuando nadie está mirando.

Dar un paso adelante para distinguirte de los demás se convierte en un testimonio de tu carácter y un predictor de futuros éxitos. A través de pruebas y tribulaciones, aquellos que permanecen firmes en su compromiso con la confiabilidad no solo sobreviven, sino que prosperan. Al igual que aquellos que han recorrido un viaje similar y han superado, tú también puedes convertirte en un pilar sobre el cual se construyan cosas más grandes. Tu viaje, en última instancia, se convierte en un faro de esperanza e inspiración para que otros lo sigan. Por lo tanto, la confianza no es solo una medida de tu situación actual, sino un puente hacia un futuro lleno de posibilidades, incluido el cumplimiento de tus sueños del tamaño de Dios. Es un viaje que vale la pena emprender, un desafío que vale la pena aceptar y un legado que vale la pena dejar.

NO TE CONFORMES

"¡No te conformes con lo que es menos, cuando la grandeza está al alcance de tus manos!".
—C. Olmeda

"No dejes que nadie te haga sentir inferior. Conoce tu valor y rehúsa conformarte con menos".
—Autor Desconocido

Conformarnos con menos de nuestro potencial es un concepto que se cuela sutilmente en nuestras vidas, convenciéndonos de que lo que tenemos es lo suficientemente bueno. Intenta convencernos de que esforzarse por más es innecesario o incluso un signo de ingratitud. Sin embargo, esta mentalidad puede ser una barrera significativa para realizar el potencial completo de nuestros sueños del tamaño de Dios. Estos sueños no son solo aspiraciones elevadas; son visiones que se alinean con nuestro destino y el propósito que debemos cumplir en nuestra vida. Conformarse con lo segundo mejor puede parecer un enfoque pragmático a corto plazo, pero en última instancia, nos ciega ante la plenitud de lo que podríamos lograr. El desafío es que lo segundo mejor, a menudo se presenta disfrazado de formas muy atractivas.

LO MÁS VERDE NO SIEMPRE ES MEJOR

Abraham y su sobrino Lot pueden bien dar fe de ese desafío. Dentro del contexto de la historia bíblica, la historia de Lot se presenta como una advertencia sobre los peligros de dejarse seducir por las apariencias superficiales y conformarse con lo que, a simple vista, parece ser la mejor opción. La decisión de Lot de elegir las llanuras fértiles del Jordán, cerca de la ciudad de Sodoma, en lugar de las tierras más desafiantes, dejó una profunda huella en su vida. Sirve como una lección sobre la importancia del discernimiento y la previsión.

La historia de Lot comienza con una disputa entre sus pastores y los de su tío Abraham mientras viajaban juntos. Para resolver el conflicto, Abraham propuso que se separaran, dándole a Lot la primera elección de la tierra. Lot levantó sus ojos y vio toda la llanura del Jordán. Cada rincón de ella estaba bien regada, "como el huerto del Señor, como la tierra de Egipto" (Génesis 13:10 LBLA). Esta vista verde y exuberante, reminiscente del paraíso mismo, cautivó a Lot. La belleza y la aparente prosperidad de la tierra lo cegaron ante posibles trampas. Eligió lo que percibía como lo mejor, sin darse cuenta de que solo era algo minusculo en el gran esquema de su destino.

La elección de Lot se basó en la apariencia inmediata, sin consideración por el clima moral y espiritual de las ciudades que poblaban las llanuras: Sodoma y Gomorra. Su decisión de habitar cerca de Sodoma finalmente lo llevó a asimilarse a una sociedad marcada por la depravación y el pecado. Los pastos verdes que prometían tanto, entregaron una vida llena de desafíos y decadencia espiritual. La elección superficial de Lot le costó las bendiciones más profundas y significativas que provienen de caminar en alineación con la voluntad de Dios.

Con el tiempo, las consecuencias de la decisión de Lot se hicieron cada vez más evidentes. La maldad de Sodoma y Gomorra provocó la ira de Dios, lo que llevó a su destrucción final. Lot, que una vez se sentó a las puertas de Sodoma, una posición de honor e influencia, se encontró huyendo por su vida, instruido a no mirar atrás a las ciudades en llamas. Su esposa, incapaz de resistir el impulso de lo que dejaban atrás, se convirtió en una estatua de sal. La elección de Lot de conformarse con los pastos verdes y atractivos resultó en la pérdida de su hogar, su esposa y su posición.

CULPABLE

Soy tan culpable como muchos de ustedes pueden ser. Muchas veces en la vida nos enamoramos de lo atractivo y, a menudo, seductores tirones de las tendencias, un negocio más lucrativo, un entorno más divertido o un grupo más popular, solo para vivir al borde de la destrucción. Subestimamos el poder de las fuerzas malignas que intentan distraernos de cumplir con los sueños del tamaño de Dios.

Como Lot, podemos sentir que tenemos la autodisciplina suficiente para acercarnos lo suficiente a Sodoma y Gomorra sin involucrarnos en comportamientos comprometedores o destructivos. Sin embargo, subestimamos el poder que nuestras elecciones pueden tener sobre nuestros cónyuges, hijos y conexiones familiares. Al igual que Lot y su esposa, es posible que puedas escapar de los efectos dañinos de jugar con fuego, pero hacerlo a expensas de perder a seres queridos.

LECCIONES APRENDIDAS

La experiencia de Lot nos enseña que las decisiones basadas únicamente en el externo atractivo pueden llevar a consecuencias extremas. Nos recuerda que lo que puede parecer la mejor opción puede ser engañoso. Nos recuerda que la verdadera mejor opción a menudo es la que se alinea con los principios divinos y el bienestar espiritual a largo plazo. Los pastos verdes pueden ofrecer satisfacción temporal, pero no pueden compararse con la plenitud de vivir los sueños del tamaño de Dios.

A pesar de la tragedia que le sucedió a Lot, su historia también ofrece un destello de esperanza y redención. Sus hijas, aunque producto de una sociedad comprometida, se salvaron de la destrucción. Esto sirve como un recordatorio de que incluso cuando tomamos malas decisiones, la gracia de Dios aún puede sacar algo bueno de la situación. Nunca es demasiado tarde para realinearse con los sueños y visiones del tamaño de Dios que están incrustados dentro de ti y buscar su cumplimiento. Así que mira más allá de la superficie y considera las implicaciones a largo plazo de tus decisiones. Puedes evitar las trampas de conformarte con algo menor y, en cambio, perseguir los sueños del tamaño de Dios que llevan a una verdadera y duradera realización.

LA COMPLACENCIA

Lo inferior también viene disfrazado de complacencia. La complacencia es el ladrón silencioso que nos roba nuestro potencial.

Engendra una sensación de insatisfacción y arrepentimiento a medida que nos damos cuenta de que no hemos vivido de acuerdo con nuestro potencial.

La decisión de Orfa habla de este proceso de toma de decisiones tan popular. Orfa es la nuera de Noemí en la narrativa familiar del libro de Rut. La historia se desarrolla cuando Elimelec, un hombre de Belén de Judá, junto con su esposa Noemí y sus dos hijos, Mahlón y Quelión, se ven obligados a huir de su hogar debido a una escasez. Podemos suponer que Noemí se sintió consolada al saber que ambos hijos estaban casados. Pero luego, una serie de desafortunados eventos llevaron a la muerte de su esposo Elimelec y sus dos hijos.

> *Entonces se levantó con sus nueras para regresar de la tierra de Moab, porque ella había oído en la tierra de Moab que el Señor había visitado a su pueblo dándole alimento. Salió, pues, del lugar donde estaba, y sus dos nueras con ella, y se pusieron en camino para volver a la tierra de Judá. (Ruth 1:6-7, LBLA)*

Tal vez Noemí se sintió culpable por llevar a sus nueras lejos de su tierra y volver con ella a Judá. Por lo tanto, intentó convencerlas de que regresaran a sus casas.

> **Conformarse a menudo ocurre cuando priorizamos la comodidad inmediata sobre la realización a largo plazo.**

¿Por qué no regresar? Moab es su hogar. Es lo que han conocido toda su vida. Para empeorar las cosas, los hombres con los que se habían casado ahora están muertos. Entonces, ¿por qué no encontrar consuelo en lo que era familiar? Con ese fin, Orfa estuvo de acuerdo con Noemí, la besó en despedida y regresó a su hogar. Regresó a lo que le era familiar. Rut, sin embargo, pensó de manera diferente. Rut se aferró a Noemí y se negó a regresar al *statu quo*. No sabemos completamente por qué, pero por el texto, tenemos la sensación de que Rut percibía algo poderoso sobre el Dios que Noemí profesaba. Le rogó a Noemí que no la obligara a irse y que la dejara regresar a Judá. Cuando Noemí vio su persistencia por quedarse, cedió a su petición.

Conformarse a menudo ocurre cuando priorizamos la comodidad inmediata sobre la realización a largo plazo. Es el camino de menor resistencia, ofreciendo una solución rápida a los desafíos que enfrentamos. Sin embargo, este enfoque es miope, y muy bien podría haber sido para Orfa. La gratificación inmediata ignora la voz interior que nos llama a perseguir un propósito mayor. Los sueños del tamaño de Dios requieren paciencia y perseverancia, cualidades que el conformismo no toma en cuenta.

La visión de Rut por algo diferente, aunque desconocido en ese momento, valió la pena. Su amor y compasión por Noemí, su resiliencia y ética de trabajo ayudaron a asegurar su provisión y promoción. Finalmente, Rut se casó con uno de los hombres más ricos de Belén y dio a luz a un hijo, a quien Noemí cuidó. Posteriormente, la visión de Rut por algo más y su deseo de no permanecer complaciente se convirtieron en el "restaurador de la vida y el sustentador de la vejez de Noemí" (ver Rut 4:15, LBLA). Además, su hijo, a quien llamó Obed, se convirtió en el padre de Isaí, quien a su vez fue el padre de David, uno de los reyes más grandes de la historia bíblica.

Después de observar el viaje y la capacidad de tomar decisiones de Rut, lo que podría haber sido la mejor opción para Orfa ahora parecía lo segundo mejor a la luz del éxito de Rut. A menudo, el hecho de ceder a la comodidad se convierte en el enemigo de un mejor mañana, lo que nos lleva a conformarnos con la complacencia. Me pregunto cuántos sueños no se han cumplido, cuántos territorios nuevos no se han descubierto, cuántas relaciones nunca se han materializado y cuántos ciclos viciosos no se han roto porque las personas optaron por volver a un lugar de complacencia y familiaridad en lugar de dar pasos de fe y creer en el cumplimiento de los sueños del tamaño de Dios.

Algunos pueden estar en desacuerdo conmigo y sugerir que Orfa eligió un lugar de contentamiento. ¿No es el verdadero contentamiento un estado de paz y satisfacción con la vida propia? Sin embargo, cuando nos conformamos con menos de lo que somos capaces, confundimos la resignación con el contentamiento. Por lo tanto, considerando todo lo que Noemí, Rut y Orfa habían pasado, Orfa puede haber estado simplemente cediendo a una forma de vida inferior o regresando a un lugar donde podría encontrar potencialmente paz. La realización de que no hemos honrado los sueños potenciales de un mañana mejor finalmente destroza este frágil y falso sentido de paz.

> **La fe es el antídoto para la mentalidad de conformarse.**

No olvidemos de qué trata esta sección en general. Se trata de la dimensión de una muestra—una probadita. Un gusto de lo que depara el futuro puede impulsar a algunos a realizar los cambios necesarios para mantener vivo el sueño. Para otros, cuando las cosas salen mal, regresan a un lugar de conformismo, se rinden y se conforman con el *statu quo*.

FE

Los sueños del tamaño de Dios son impulsados por la visión, una imagen clara y convincente de lo que podría ser. Esta visión inspira acción y nos impulsa hacia adelante. Sin ella, somos propensos a conformarnos. Perdemos de vista la narrativa mayor en la que estamos llamados a participar. La visión requiere fe. Requiere creer en cosas que aún no se ven, pero que se esperan.

La fe es el antídoto para la mentalidad de conformarse. Quizás en medio del momento más difícil de la vida de Rut, ella tenía fe. Fe en una vida mejor que la que había experimentado. Fe en el Dios de Noemí. La fe nos da el poder de creer en la posibilidad de lograr algo que nunca antes hemos logrado. La fe nos da la fuerza para asumir riesgos y la resiliencia para perseverar a través de los contratiempos. Es el fundamento sobre el cual se construye el cumplimiento de nuestros sueños.

Al seguir el viaje de Rut hacia un nuevo territorio, descubrimos que se convirtió en un viaje de autodescubrimiento. Su movimiento audaz y resiliente que proveyó para sí misma y para Noemí, junto con su nueva valentía para acercarse al hombre que más tarde se convertiría en su esposo, habla mucho de autodescubrimiento.

Entonces, perseguir sueños del tamaño de Dios también es un viaje de autodescubrimiento. Revela nuestras fortalezas y expone nuestras debilidades. Conformarse con algo inferior nos niega la oportunidad de aprender y crecer. Nos impide convertirnos en la persona que estábamos destinados a ser, completamente vivos y comprometidos en la búsqueda de sueños del tamaño de Dios.

En última instancia, los sueños del tamaño de Dios se alinean con nuestro propósito divino. Son la expresión de nuestro papel único en el gran esquema de la vida. Conformarse con lo segundo mejor es un rechazo de este propósito. Solo al abrazar y perseguir nuestros sueños del tamaño de Dios podemos experimentar la plenitud de la vida y la alegría de cumplir nuestro destino.

¿Con qué te has conformado? Como Noemí, Rut y Orfa, ¿sientes que ha sido difícil la vida? ¿Tienes ganas de retirarte a un lugar de paz y comodidad en busca de alivio? ¡Permíteme advertirte! ¡No te conformes! Las dificultades de la vida, los giros inesperados de los acontecimientos e incluso las tragedias a menudo se convierten en oportunidades disfrazadas. Se convierten en una encrucijada donde tu fe puede surgir para soñar más allá de lo que has estado acostumbrado. Así que… ¡atrévete a soñar! ¡Atrévete a soñar más allá de lo familiar! Avanza más allá de la complacencia y hacia el cumplimiento de los sueños del tamaño de Dios.

LUGARES INCÓMODOS

*"¡No te conformes con una pequeña muestra,
cuando la plenitud te espera!".*
—C. Olmeda

Estamos llegando al final de la dimensión de la muestra. Para este momento deberías haber sentido que, aunque un gusto de lo que está por venir puede satisfacerte por un tiempo, no puede durar para siempre. No dije "¡No durará para siempre!". Puede durar si lo permites, pero se convertira en complacencia. Dios no te ha dado sueños a Su tamaño para conformarte con la complacencia. La dimensión de muestra solo sirvió como alivio y recordatorio. Sirvió como alivio de la difícil dimensión del fracaso o la traición. Sirvió como un recordatorio de lo que te espera. El cumplimiento de los sueños del tamaño de Dios (la visión del tamaño de Dios) te espera.

Nuestro protagonista, José, es un gran ejemplo de la distinción entre muestra y cumplimiento. Si has seguido la trayectoria de

José, habrás notado que sus sueños no eran meras ensoñaciones comunes. Eran destellos proféticos vívidos de su futuro. Imagina la emoción y la anticipación que surgieron dentro de él, solo para convertirse en miedo y aprensión en un corto período de tiempo. José se dio cuenta rápidamente de que los sueños por sí solos no garantizan el cumplimiento. Solo brindan un muestra de lo que podría ser. El viaje a través de múltiples dimensiones proporciona una imagen más clara y, en última instancia, la seguridad del cumplimiento de los sueños del tamaño de Dios.

Ya hemos captado un destello de José como esclavo en la casa de un oficial egipcio (Potifar). Dentro del magnífico esplendor de esta opulenta casa, José saboreó el éxito. ¿Fue el cumplimiento de su sueño? ¡No! Este nivel de éxito no era el pináculo de su sueño; solo era un bocado tentador. José tuvo que darse cuenta de que su propósito iba más allá de la prosperidad material.

Posteriormente, la esposa de Potifar, atraída por la belleza de José, le propuso tener relaciones sexuales con ella. Como esposa de Potifar, ofrecía más que placer físico. Ofrecía un atajo hacia la comodidad y la seguridad. Sin embargo, José entendió que conformarse con sus avances comprometería su destino. No podía intercambiar un sueño del tamaño de Dios por una satisfacción fugaz.

La respuesta de José a la esposa de Potifar reveló su inquebrantable compromiso con su propósito. José huyó. Huyó porque consideró que cualquier acto de sumisión a tal inmoralidad sería considerado un gran pecado contra Dios y una traición flagrante a su amo. Eligió huir de la tentación en lugar de conformarse con un placer momentáneo.

No estamos destinados a vivir con una muestra de un sueño. Los sueños están destinados a ser vividos. José huyó de la casa de

Potifar no porque careciera de deseo. Como joven impulsado por emociones normales, estoy seguro de que hubo una atracción física o emocional hacia los avances de la mujer. Sin embargo, entendió que conformarse le robaría su destino. De alguna manera, sabía que su sueño del tamaño de Dios estaba destinado a ser vivido, no solo probado.

Las acciones de José nos recuerdan que sin importar cuán exitosas, glamorosas o atractivas puedan parecer algunas cosas, debemos sacrificarlas y considerarlas simplemente como una muestra si ponen en peligro el cumplimiento de nuestros sueños del tamaño de Dios. La casa de Potifar ofreció un gusto de éxito, pero José sabía que no era suficiente. Cuando se enfrentó a un dilema moral, supo que el palacio inicial era solo un gusto—una muestra. Era una muestra de algo mayor. Tuvo que elegir el propósito sobre la conveniencia: el compromiso con el cumplimiento de un sueño sobre la complacencia.

SACRIFICA LA PROMESA

Nuestro protagonista, Abraham, encaja en el mismo modelo. ¿Puedes imaginar cuán emocionado debió sentirse con el nacimiento de su hijo Isaac? Justo cuando pensaba que moriría sin un heredero directo, Abraham recibió una visión del tamaño de Dios. Recibió una visión que superaba las estrellas del cielo y la arena de la orilla del mar. A pesar de toda su riqueza, aún le faltaba algo. En su caso, era su descendencia. Así que imagina cuán orgulloso y protector pudo haber sido sobre una promesa tan surrealista. Sin embargo, mientras Isaac aún era muy joven, la Biblia nos muestra que Dios probó a Abraham.

No estoy seguro de ti, pero no necesariamente espero con ansias esos períodos de prueba en mi vida. Esos momentos en los que te preguntas acerca de los desafíos de la vida, cuando sientes que la gloria en la que estabas disfrutando momentos antes ha terminado abruptamente.

Me pregunto cómo se sintió Abraham cuando pasó de disfrutar su tiempo con Isaac a recibir una directiva de Dios. Puedo imaginar a Abraham diciendo: "Espera, Dios, ¿qué dijiste?", cuando escuchó el mandato de Dios:

> [Sí], toma ahora a tu hijo, tu único hijo [de la promesa], a quien amas, Isaac, y ve a la región de Moriah, y ofrécelo allí como holocausto en uno de los montes que te diré. *(Génesis 22:2, AMP)*
>
> Y Dios dijo: Toma ahora a tu hijo [de la promesa], tu único a quien amas, a Isaac, y ve a la tierra de Moriah, y ofrécelo allí en holocausto sobre uno de los montes que yo te diré. *(Génesis 22:2, NTV)*

Aparentemente, la urgencia y especificidad del asunto eran parte de la instrucción. La palabra "ahora" ciertamente significa urgencia o inmediatez. Y el verbo "amar" indudablemente habla del afecto de Abraham hacia su hijo. Esto no era casual. Las instrucciones no eran fáciles. Sin embargo, en ese mismo momento, Abraham tenía que tomar una decisión. Su decisión no estaba incrustada en las instrucciones inmediatas, sino en el recuerdo de su visión original del tamaño de Dios. ¿Se le había prometido un hijo, o se le había prometido innumerables descendientes? ¿Iba a confiar en Dios para el cumplimiento de Su promesa, o iba a aferrarse a Isaac como un simple gusto?

Mi propósito aquí es trazar el paralelo entre el gusto y el cumplimiento, no expresar ningún argumento teológico sobre el sacrificio humano (que, posteriormente, Dios no permitió) ni ningún tipo de abuso familiar. Contextualmente, y lo que se considera exegéticamente, debemos diferenciar entre el contexto cultural e histórico del texto y una comprensión del sacrificio en el Nuevo Testamento.

Entonces, al analizar el dilema de Abraham, nos damos cuenta de que tenía una elección muy difícil que hacer. ¿Decide en función de su circunstancia presente o decide en función de la visión inicial? Según el texto, tenemos acceso a su proceso de tomar decisiones. Abraham decidió seguir la instrucción de Dios con precisión. En su camino para hacer *el sacrificio*, escuchamos lo siguiente:

Y habló Isaac a su padre Abraham, y le dijo: Padre mío. Y él respondió: Heme aquí, hijo mío. Y dijo Isaac: Aquí están el fuego y la leña, pero ¿dónde está el cordero para el holocausto? Y Abraham respondió: Dios proveerá para sí el cordero para el holocausto, hijo mío.
(Génesis 22:7-8, LBLA)

En ese momento, Abraham inmediatamente reconoció y admitió que cualquier decisión tomada en alineación con esa visión era problema de Dios, no suyo. El entendio que la visión para el futuro era una visión del tamaño de Dios y, por lo tanto, de origen divino. El Dios que le dio la visión inicial era el mismo Dios que traería a ese niño de vuelta a la vida si eso era lo que requería el sacrificio. El Dios que le dio la visión inicial sería el mismo Dios que milagrosamente proveería el cordero.

Ese momento fue el momento definitorio para Abraham. Ese lugar incómodo de decisiones marcó el ritmo para el resto de la vida de Abraham. En ese momento, Dios sabía que podía confiar en Abraham con una visión del tamaño de Dios. En ese momento, Dios sabía que, a pesar de lo incómoda que era la situación para Abraham y su hijo, no se enamoraría tanto del la muestra—de la probadita—como para no estar dispuesto a arriesgarlo todo. Abraham estaba dispuesto a arriesgarlo todo en obediencia porque, en última instancia, Isaac no era la promesa completa; en cambio, era un gusto y un conducto a través del cual se cumpliría la visión del tamaño de Dios de Abraham.

CONOCE LA DIFERENCIA

A medida que navegas los complejos desafíos, pero necesarios de distinguir entre un gusto y el cumplimiento, déjame ofrecerte tres principios fundamentales que te ayudarán a hacer esa distinción: el principio de la intencionalidad divina, el principio del compromiso moral y el principio de la propiedad.

Principio de la Intencionalidad Divina

Al reflexionar sobre este principio, recuerdo varios desafíos que tuve con una de mis dos hijas cuando era una niña pequeña. Han pasado más de veinte años, pero aún recuerdo vívidamente el caos.

"¿Qué está pasando allá?", exclamé al escuchar algunos gritos y llantos de un par de niñas en la habitación de al lado. Me había ausentado por un momento cuando comenzó la discusión. Cuando regresé a la habitación, dos niñas estaban prácticamente arrancándose un juguete de las manos. Mientras la niña visitante lloraba histéricamente y perdía el control del juguete que quería, mi hija gritaba: "¡ES MÍO! ¡ES MÍO!". ¡Qué momento perfecto para una lección de crianza!

Primero, tuve que enseñarle a mi hija que compartir es mostrar cuidado. En segundo lugar, tuve que enseñarle que el juguete podría brindarle alegría solo a ella, o podría usarlo para traer alegría tanto a ella como a los demás. En tercer lugar, necesitaba saber que su demostración de propiedad no era propicia para construir relaciones. Por último, tuve que recordarle que la única razón por la que tenía ese juguete era porque se lo había dado como regalo.

> **El propósito de la bendición de Abraham iba más allá de la riqueza material. Estaba destinado a tener un impacto generacional y global.**

La intencionalidad divina es el principio de comprender por qué se te ha dado un sueño del tamaño de Dios, una visión del tamaño de Dios, desde el principio. ¿Recuerdas a Abraham? Era extremadamente rico antes de recibir una visión del tamaño de Dios. Sí, tal vez su riqueza podría haber colocado a su casa en una gran posición durante años. Sin embargo, no tenía un heredero a quien transmitir su herencia. Además, a medida que se desarrollaba la visión divina, se nos revela un pequeño secreto. El propósito de la bendición de Abraham iba más allá de la riqueza material. Estaba destinado a tener un impacto generacional y global.

¿Qué tal José? La confianza inicial de Potifar en él, sin duda lo bendijo más allá del estatus de esclavo. ¿Entiendes? ¡La promoción lo bendijo! Una vez que se nos da a conocer el cumplimiento de los sueños de José, nos damos cuenta de que el cumplimiento de su sueño del tamaño de Dios estaba destinado a impactar y salvar a una nación de la devastación económica.

Los sueños y los logros personales tienden a tener un impacto limitado. El cumplimiento de sueños y visiones del tamaño de Dios tiene un impacto mucho más amplio.

De joven, soñaba en grande. El momento en que probé la industria bancaria y las finanzas, pensé que me convertiría en un gurú de Wall Street ganando millones de dólares y viviendo *la buena vida*. Sin embargo, a medida que maduré y sometí mi voluntad al principio de la intencionalidad divina, entregué mi vida para que Dios la usara para impactar a los demás más allá de mi alcance limitado de influencia. Entendí que las intenciones de Dios para mi vida trascendían una bendición *personal*.

Al reflexionar sobre los sacrificios que he hecho al alejarme de las casas de los Potifar que tuve por delante porque no se alineaban con mis sueños del tamaño de Dios, estoy agradecido de no haberme conformado con lo que podría haber sido simplemente un gusto. Nunca me convertí en un gurú de Wall Street, pero estoy viviendo una gran vida sirviendo como mentor, líder y voz de influencia para todos aquellos con quienes tengo contacto, especialmente la próxima generación de líderes.

En la Biblia hay una mujer llamada Ana que sufría y lloraba constantemente porque no podía tener hijos. Su némesis, Penina, la otra esposa del esposo de Ana, la provocaba severamente debido a su incapacidad para concebir (no tengan ideas, caballeros; una esposa es todo lo que necesitan. Esto es teología del Antiguo Testamento. Mantengámoslo en contexto . . . humor intencionado).

A pesar de cuánto deseaba un hijo, oró de manera que si Dios la bendecía con un hijo varón, y lo entregaría al servicio de Dios. Dios escuchó su oración. Podría haber cambiado de opinión. Podría haberse enamorado tanto de su nuevo milagro, Samuel, y olvidarse de su promesa. Pero no lo hizo. Se mantuvo firme en su promesa porque sabía que el sueño del tamaño de Dios que nacería a través de ella tenía un propósito mayor que solo una bendición personal o familiar. Como tal, Samuel se convirtió en una de las voces más grandes en una época en la que "no era común oír palabra del Señor ni eran frecuentes las visiones" (1 Samuel 3:1, NVI). Imagina la satisfacción a largo plazo que Ana sintió al presenciar el impacto que su hijo tuvo en las vidas de las personas a lo largo de múltiples generaciones. ¡Se sometió al principio de la intencionalidad divina y fue recompensada por ello!

¿Por qué Abraham sucumbió al llamado de sacrificar a su hijo Isaac? Entendió que su visión del tamaño de Dios no estaba simplemente conectada con las risas y los llantos de un niño llenando su hogar, sino con la promoción generacional de bendiciones.

¿Podría ser que el cumplimiento de los sueños y visiones del tamaño de Dios no sea necesariamente una forma divina de crear impacto *para ti*, sino más bien una forma divina de crear impacto a través *de ti*? ¿A quién puedes impactar con el tamaño y el cumplimiento de tu sueño? ¿A quién puedes influir con el tamaño y el impacto de tu visión?

Principio de la involucración moral

¿Por qué huyó José de la casa de Potifar, dejando atrás su túnica, su posición y sus posesiones? ¿Podría ser que su deseo de compromiso moral hablara más de su carácter que de su posición o posesiones?

La versión opuesta del compromiso moral es el desapego moral. Basándose en su teoría agentiva, el Dr. Albert Bandura, psicólogo canadiense-estadounidense y creador de la teoría cognitiva social, proporciona una exposición definitiva del mecanismo psicosocial mediante el cual las personas se desvinculan selectivamente de sus sanciones morales respecto a su conducta dañina. Ha sugerido que personas de todos los ámbitos de la vida tienen la propensión de comportarse de manera perjudicial y aun así mantener una autoestima positiva y vivir en paz consigo mismas. Aquí es donde las personas justifican el mal comportamiento, el derecho, las promociones a expensas de los demás y muchas otras acciones.[3] Tales acciones demuestran el desapego moral.

Por el contrario, el compromiso moral sugiere que las personas siguen un compromiso con interacciones sociales positivas y cuidado reflexivo por los demás. Es la Regla de Oro: haz a los demás lo que quieras que te hagan a ti (Mateo 7:12, NTV). En esta línea, cuando el sueño del tamaño de Dios se vuelve mayor que la satisfacción personal, el principio del compromiso moral te impulsa a tomar decisiones que alimentan un bien mayor.

Una narrativa bíblica de un hombre llamado Zaqueo habla sobre el cambio entre el desapego moral y el compromiso moral. Zaqueo era un hombre bajo de estatura que se subió a un árbol para ver a Jesús, de quien tanto se hablaba. Su esfuerzo no pasó desapercibido. Al pasar Jesús, notó a Zaqueo, lo llamó por su nombre y procedió a invitarse a sí mismo a la casa de este individuo altamente despreciado.

Zaqueo era despreciado entre su propio pueblo judío porque era recaudador de impuestos para el gobierno romano. Los

---

[3] Albert Bandura, Moral Disengagement: How People Do Harm and Live with Themselves (New York, NY: Macmillan, 2016).

recaudadores de impuestos eran conocidos por obligar a las personas a pagar más dinero del que debían. Zaqueo no era diferente. Sin embargo, en el momento en que permitió que Jesús entrara en su hogar, debió haber recibido una visión del tamaño de Dios mayor que cualquier cosa que hubiera experimentado antes, tanto que el corazón de este individuo moralmente desconectado se conmovió para cambiar. Zaqueo prometió dar la mitad de sus pertenencias a los pobres y devolver cuatro veces más a cualquiera a quien hubiera estafado (Lucas 19:1-10).

¿Qué de ti? ¿Alguna vez has comprometido tu integridad por ganancia personal? ¿Has ignorado los intereses de los demás por satisfacción personal? ¡Yo sí! Como Zaqueo, tuve que enfrentar mi propio desapego moral y admitir que si quería ver el cumplimiento de los sueños del tamaño de Dios, entonces mis acciones debían alinearse con algo más grande que yo mismo. ¡Tuve que decidirme a vivir según el principio del compromiso moral si quería impactar a las personas por generaciones venideras!

¡José también aplicó este principio y, en consecuencia, fue recompensado! El cumplimiento de su sueño del tamaño de Dios fue mucho mayor que la posición y las posesiones que dejó en la casa de Potifar.

Principio del propietario

Durante un reciente seminario de liderazgo, mi querido amigo Chris Sonksen compartió una historia humorística sobre su muy joven nieta. La había llevado a un juego de béisbol y le preguntó qué tipo de dulces quería. Ella eligió los familiares y coloridos Skittles. Un tiempo después, durante el juego, él se inclinó y le pidió algunos Skittles.

Para su sorpresa, ella rechazó su solicitud y dijo: "¡No, son míos!", "Me costó todo no arrebatarle la bolsa de Skittles de la mano", admitió. Él respondió con tres cosas: "¿Olvidaste quién te compró esos Skittles?". "¿Ves lo grande que soy comparado contigo? ¡Tengo el poder y la fuerza para quitártelos sin mucho esfuerzo!", y "¡Tengo suficientes recursos para que, si se te acaban, pueda comprarte muchas más bolsas de Skittles!"

¿Cuántos de nosotros acumulamos cosas que hemos recibido y olvidamos esos mismos principios que Chris compartió con su nieta? Nuestro protagonista Abraham no tuvo problemas en entregar a Isaac porque sabía que Isaac era un subproducto de la provisión divina. Sabía que la visión del tamaño de Dios que había recibido iba más allá de un solo hijo. Abarcaba generaciones.

Hay una narrativa sobre un hombre rico que había acumulado una enorme cantidad de recursos. Las tierras que poseía habían producido una cosecha abundante. Tal era su aumento que no sabía dónde almacenar su excedente. Entonces, pensó:

"Tiraré abajo mis graneros y construiré unos más grandes. Así tendré lugar suficiente para almacenar todo mi trigo y mis otros bienes. Luego me pondré cómodo y me diré a mí mismo: 'Amigo mío, tienes almacenado para muchos años. ¡Relájate! ¡Come y bebe y diviértete!'" Lucas 12:18-19 (NVI)

Aparentemente, para este hombre la vida se trataba de él mismo y de la acumulación de su riqueza. El siguiente versículo (v. 20) nos ayuda a entender la percepción de Dios sobre el plan de este hombre porque dijo: "¡Necio! Esta misma noche te pedirán tu alma; y todo lo que has guardado, ¿de quién será?"

Dentro de este principio de propiedad radica el éxito de nuestro protagonista, José. Huir de la casa de Potifar demostró que nada de lo que se le había dado era suyo. Por lo tanto, para preservar su carácter, estuvo dispuesto a dejarlo todo. Más tarde en la vida, una vez más experimentó un éxito sin precedentes. Al igual que antes, sabía que la propiedad no le pertenecía. Simplemente era un mayordomo, un administrador de recursos.

> **Podemos acumular nuestros recursos o permitir que fluyan a través de nosotros para un mayor impacto.**

Todo lo que tenemos es porque se nos ha dado el aliento de vida, energía, oportunidades, conexiones y capacidad para tener éxito. Podrías sentir la tentación de decir: "¡Pero *yo* logré esto o aquello!" o "¡Es *mi* esfuerzo lo que me ha permitido llegar a donde estoy!". La verdad es que ningún éxito es posible sin el aliento de vida que nos ha dado nuestro Creador. Si aprendemos algo de las historias que he compartido, que sea que podemos acumular nuestros recursos o permitir que fluyan a través de nosotros para un mayor impacto. Podemos limitar nuestros sueños al restringirlos a *nuestra* propiedad, o podemos admitir que los recursos para los sueños del tamaño de Dios son ilimitados y pueden canalizarse a *través* de nosotros para crear un impacto mayor y más significativo. Para hacerlo, debes aprender a aferrarte a las cosas de manera ligera y estar abierto a experimentar la cuarta dimensión.

CUARTA DIMENSIÓN
OBEDIENCIA

- OBEDIENCIA
- UNA PROBADITA
- FRACASO O TRAICIÓN
- SUEÑOS Y VISIONES

TERMINA LO QUE HAS COMENZADO

"El compromiso es terminar lo que has comenzado, ¡incluso cuando ya no tengas ganas de hacerlo!".
—Autor Desconocido

A estas alturas deberías haber comprendido que conformarse con un simple gusto no es una opción. Entonces, ¿cómo avanzamos hacia la realización de nuestros sueños del tamaño de Dios? La respuesta es ¡obediencia! La obediencia no siempre es fácil. Los sueños del tamaño de Dios a menudo implican desafíos, obstáculos y espera. Cuando esos momentos llegan, debemos decidir si vamos a obedecer lo que es necesario para avanzar o si nos vamos a quedar complacientes. ¿Por qué obediencia? La primera pregunta que debemos hacernos antes de dar una respuesta rápida es: "¿De dónde se originó el sueño del tamaño de Dios?".

¿De dónde provino la visión del tamaño de Dios? En última instancia, *el de dónde* está conectado con *el quién*. ¿Quién causó que esos sueños y visiones quedaran profundamente incrustados en tu alma? Ya seas una persona profundamente religiosa o no, si vas a abordar los sueños y visiones del tamaño de Dios, debes admitir que trascienden tus habilidades limitadas.

Por lo tanto, si reconocemos que lo que estamos llamados a lograr trasciende nuestras limitaciones personales y, por lo tanto, requiere la intervención divina de Dios, también debemos deducir que nuestras acciones deben ir más allá de los niveles personales de comodidad. Ahí es donde la obediencia se vuelve necesaria. Requiere alinear nuestra voluntad con la voluntad de Dios. Requiere tomar decisiones que se alineen con los sueños del tamaño de Dios (las visiones del tamaño de Dios) que nos han sido dadas. Es cuando nos rendimos a una autoridad superior a nosotros mismos y basamos nuestras acciones en la guía divina de Dios, que comenzamos a experimentar la plenitud y el cumplimiento de esos sueños y visiones.

¿Has notado el proceso emergente hacia el cumplimiento? Es como una montaña rusa—un sube y baja. Como Abraham, te sacan de tu zona cómoda y te dan una visión más grande que cualquier cosa que hayas experimentado. Como José, un momento estás navegando por la vida, y al siguiente momento recibes un sueño que te sacude profundamente. Cuando llegan esos momentos del tamaño de Dios, lo siguiente que esperas es algún nivel de progreso hacia la realización de la visión o el sueño. En cambio, te encuentras con el fracaso o la traición.

Cuando crees que ya has tenido suficiente y que la temporada de fracaso o traición ha afectado tu vida, experimentas un anticipo del cumplimiento de la visión o el sueño inicial. Esa dimensión entra como un soplo de aire fresco. Puedes respirar de nuevo. Como Abraham, has superado tu fracaso con Agar y puedes disfrutar mirando a los ojos de Isaac. Como José, has soportado la traición de los más cercanos a ti y ahora puedes respirar mientras te deleitas en la grandeza de una experiencia palaciega. Finalmente, un anticipo del cumplimiento de tu sueño del tamaño de Dios.

Desearía que la vida fuera así de simple. Excepto que, como Abraham, cuando comienzas a disfrutar de tu tiempo con tu promesa percibida, se te pide que lo sacrifiques. Como José, cuando sientes que has plantado tus pies en un entorno estable y excepcional, te encuentras dejándolo todo atrás para preservar tu carácter.

Todo puede parecer injusto. A primera vista parece una broma cruel. "¿Cuándo veré alguna vez el cumplimiento de mi visión del tamaño de Dios?", podrías preguntarte. "¿Cuándo veré la plenitud de mi sueño del tamaño de Dios?". La inestabilidad del proceso puede parecer injusta, pero déjame decirte un pequeño secreto: es necesario. Cada dimensión es una dimensión más cercana al cumplimiento de la grandeza incrustada en tu propia alma.

La pregunta es, ¿tienes la resiliencia y el enfoque para terminar lo que comenzaste? Como Abraham, ¿tienes la resiliencia y la fe para seguir las directrices de sacrificar lo que más amas? ¿Puedes y obedecerás ese impulso? Como José, ¿seguirás preservando tu carácter e integridad a pesar de haber sido traicionado y calumniado sin forma de probar tu inocencia? ¿Terminarás lo que comenzaste a pesar de los contratiempos y la oposición?

Cuando navegamos por estas turbulentas aguas de fracaso o traición, puede parecer que las cosas nunca mejorarán. José no tenía la perspectiva que nosotros tenemos y numerosos ejemplos que indican que las cosas mejorarán. Tienen que mejorar si queremos presenciar la plenitud de la quinta dimensión.

DESCARRILAMIENTO

Muchos de nosotros no terminamos lo que hemos comenzado. No porque no deseemos hacerlo, sino porque las interrupciones nos descarrilan. Comenzar el viaje bien a menudo no es el problema. Mantenernos constantes frente a muchos desafíos suele ser lo que hace que terminar con fuerza sea tan difícil.

Imagina este escenario . . . me propongo limpiar mi garaje. No han pasado ni diez minutos y encuentro una herramienta que pertenece a mi vecino. Con la herramienta en mano, pienso: *¿Qué mejor momento que ahora para devolverla?* Camino hacia la casa de mi vecino y me doy cuenta de que el cartero acaba de entregar el correo. Dejo la herramienta, tomo el correo y lo reviso. Una carta que anuncia una oferta especial para limpieza de alfombras llama mi atención y me doy cuenta de que si no hago la llamada de inmediato, nunca se hará. Al regresar a la casa para hacer la llamada, noto toda la ropa que aún no se ha puesto en la lavadora porque no había detergente. Pienso: *Si compro el detergente primero, la ropa se puede lavar mientras termino lo demás que estoy haciendo.* De camino al supermercado, veo el letrero del lavadero de autos parpadeando y pienso: *¿Qué son cinco minutos para pasar el auto por el lavadero?* ¿Entiendes el punto? Esta historia puede ser una exageración, pero no está muy lejos de la realidad de cómo las distracciones pueden descarrilarnos fácilmente. Muchos de nosotros, de una manera u otra, podemos relacionarnos con situaciones similares. Al final del día, el garaje *aún* no está limpio, la herramienta *aún* no ha sido devuelta, la llamada *aún* no se ha hecho, el detergente *aún* no ha sido comprado... y sin embargo, estoy cansado y frustrado. Permíteme recordarte que el mayor obstáculo para terminar lo que comienzas a menudo son tus propios miedos, ansiedades, dudas y distracciones. Estas luchas pueden paralizar el progreso.

Así que ahora que has experimentado un anticipo de lo que traerá el futuro, ¿que vas hacer? Te encuentras en una encrucijada de decisiones, por lo tanto, puedes elegir sucumbir a las distracciones y retroceder a un lugar de confinamiento y complacencia, o puedes marchar hacia las oportunidades dadas por Dios, hacia la realización de sueños y posibilidades infinitas.

Esto no significa que no puedas hacer varias cosas a la vez. Sin embargo, significa que a diferencia de mi metáfora de lidiar con distracciones continuas y no tener logros que mostrar, debe animarte a concentrarte en enfocarte en aquellas cosas que sabes que están conectadas con tu sueño del tamaño de Dios. Puede significar que tengas que decir "no" a algunas cosas. Significa que estes completamente consciente de aquellas cosas que pueden distraerte y mantengas tu enfoque en la meta.

El desafío de Abraham de permanecer obediente al sacrificar a su hijo habla de esta encrucijada. La narrativa bíblica nos recuerda que aunque Abraham llevó consigo a dos siervos en su viaje hacia el sacrificio, no les permitió acompañarlo el resto del camino hasta la montaña. Me pregunto si sus siervos habrían intentado disuadir a Abraham del sacrificio si hubieran estado presentes.

Debemos mantenernos alejados de las voces que intentan convencernos de abandonar nuestra obediencia. Recuerda que fuiste *tú* quien recibió el sueño del tamaño de Dios. Por lo tanto, aquellos que no están al tanto de la magnitud de lo que hay dentro de ti no comprenderán la magnitud de los sacrificios que necesitas hacer para mantenerte enfocado hasta el final. Esta dimensión es tan crucial que lo que hagas aquí determinará si experimentas la plenitud y el cumplimiento de lo que has sido llamado a hacer o si retrasaras el proceso.

Déjame advertirte. La dimensión de la obediencia es, indudablemente, la dimensión más difícil de vivir. Es una dimensión agotadora. Es una dimensión sacrificial. A menudo es una dimensión solitaria. Al menos la segunda dimensión —una bastante difícil— vino inmediatamente después de recibir el sueño o la visión. La cuarta dimensión, sin embargo, llega justo después de un anticipo. Llega después de sentir que casi habías llegado, y luego ¡BOOM!, así como así, la narrativa ha cambiado.

Una narrativa bíblica sobre un hombre con una visión del tamaño de Dios llamado Nehemías habla de esta encrucijada agotadora. Nehemías 4 relata la historia de un pueblo que se dispuso a reconstruir los muros de Jerusalén. En alineación con el sueño del tamaño de Dios que tuvo Nehemías, se dispusieron a reconstruir una ciudad que había sido completamente destruida, y también a restablecer un lugar de seguridad contra sus enemigos. Su vulnerabilidad había durado lo suficiente. Era hora de que se cumpliera una visión del tamaño de Dios. "Y edificamos la muralla hasta que toda la muralla estaba unida hasta la mitad de su *altura*", dijeron, "porque el pueblo tuvo ánimo para trabajar" (v. 6 ,LBLA). Observa lo que sucedió después: "Pero se decía en Judá: Desfallecen las fuerzas de los cargadores" (v. 10, LBLA).

Una combinación de basura, burlas, amenazas y agotamiento (vv. 10-12) se convirtió en la tormenta perfecta contra su progreso.

¿Qué harán? ¿Se detendrán? ¿Cederán al miedo y a la preocupación? ¿O recalibrarán y replantearán la estrategia al seguir el aliento del que había recibido el sueño? Hicieron lo último. Recalibraron, replantearon la estrategia y se dispusieron a terminar lo que habían comenzado.

El sueño era demasiado grande. El futuro de sus familias dependía de ello. A pesar de los desafíos, necesitaban silenciar las voces opuestas y dar un paso de obediencia para terminar lo que habían comenzado. Seguir adelante requiere una mentalidad resiliente. Así que mantente enfocado, evita distracciones y no te rindas fácilmente. ¡El cumplimiento y la plenitud están en camino!

¿Qué oposición enfrentas? ¿Qué voces debes silenciar para mantenerte enfocado en tu sueño del tamaño de Dios? ¿Qué distracciones han intentado infiltrarse y desviarte de experimentar la plenitud de tu visión del tamaño de Dios?

> **El sueño del tamaño de Dios (la visión del tamaño de Dios) es demasiado grandioso para ser abortado debido al fracaso.**

Nosotros tenemos el beneficio de conocer el resto de las historias de nuestros protagonistas. No fue así para ellos. Tuvieron que perseverar y creer solo por fe que el sueño se haría realidad, que la visión se cumpliría. Para muchos de nosotros conocer el resultado nos anima a seguir adelante; pero, ¿qué sucede cuando debes avanzar en obediencia cuando lo único que tienes es el sueño inicial? ¿Qué sucede cuando todo lo que tienes es un recordatorio de la visión? Debes reunir el valor y el enfoque para mantenerte firme; debes recordar que solo estás en otra dimensión en el proceso de cumplimiento.

EL FRACASO NO ES EL FINAL

Hasta ahora nos hemos centrado en la resiliencia de José para mantenerse fiel a su carácter e integridad. He señalado la obediencia del pueblo de Judá a la voz de Nehemías para terminar lo que habían comenzado. También he revisado la obediencia de Abraham demostrada en su disposición a sacrificar a Isaac. Todos esos escenarios están llenos de firmeza, resiliencia y tenacidad. Pero, ¿qué pasa si tu historial está lleno de decisiones imperfectas? ¿Qué pasa si, a diferencia de José, has tropezado, vacilado y fracasado? Mi mensaje para ti sigue siendo el mismo. Termina lo que comenzaste. El sueño del tamaño de Dios (la visión del tamaño de Dios) es demasiado grandioso para ser abortado debido al fracaso. La fidelidad de Dios supera nuestros miedos; supera nuestra desobediencia. Mientras tengamos la capacidad de volver al camino y seguir creyendo que el sueño del tamaño de Dios sigue vivo a pesar de nuestros contratiempos, Dios tomará el control y llevará el sueño a su plenitud.

¡Tus errores del pasado no descarrilarán tu cumplimiento futuro!

No olvidemos que Abraham dio un paso de obediencia para sacrificar a su hijo Isaac, pero solo después de recuperarse de un error costoso. Escuchó la voz de su esposa incrédula, Sara, quien pensó que no podría concebir un hijo en su vejez. Al hacerlo, sucumbió a dormir con su sierva Agar, quien dio a luz a un hijo al que llamaron Ismael. Aunque toda la narrativa no puede no alinearse con nuestra narrativa social y cultural contemporánea, en ese momento se desarrolló de maneras que trajeron consecuencias con ramificaciones a largo plazo.

¿Las malas decisiones de Abraham y Sara anularon el cumplimiento de su visión del tamaño de Dios? ¡No! A pesar de su contratiempo, entendieron que el fracaso no era el final. Si iban a presenciar la realización de su visión del tamaño de Dios, tendrían que seguir creyendo que los errores del pasado no podían descarrilar su cumplimiento futuro. ¡Esto también se aplica a ti! ¡Tus errores del pasado no descarrilarán tu cumplimiento futuro!

A medida que avanzamos en la dimensión de la obediencia, aprendamos de las victorias de aquellos que nos precedieron. La magnitud de las visiones y sueños realizados del tamaño de Dios nos ayuda a entender que cuando perseveras, creas un efecto dominó. Tu resiliencia, tenacidad y logros sirven para inspirar a otros y establecer nuevos estándares. Entonces, cuando te enfrentes a la oposición, recuerda que terminar lo que comenzaste es más que un logro personal: es un regalo para el mundo. Confía en tu preparación, acepta los contratiempos y sigue avanzando.

PERSONA NÚMERO DOS EN UN MUNDO DE NÚMERO UNO

"Recuerda que incluso el lápiz número dos es esencial para escribir historias increíbles".
— Autor Desconocido

La cuarta dimensión de la obediencia es inevitable en nuestro camino hacia la plenitud. Sirve para probar nuestra resistencia, nuestra tenacidad y, sobre todo, nuestra fe. No solo prueba nuestra determinación en varias áreas, sino que también es un campo de entrenamiento. Esta dimensión pone a prueba cómo manejas los desafíos, el negocio de otra persona y la adhesión al sueño del tamaño de Dios. Es la personificación de esta escritura: "en lo poco fuiste fiel, sobre mucho te pondré" (Mateo 25:21, LBLA).

A medida que consideras cómo navegar esta dimensión tan difícil de la obediencia, permíteme desafiarte a tomar la decisión de convertirte en la mejor persona número dos en un mundo de número uno. ¿Qué significa eso? Significa que en una cultura donde la gente a menudo busca brillar, ser el primero, ser notado y ser la persona número uno, elige en su lugar ser la persona número dos. En un mundo que a menudo celebra a los mas brillante. Sin embargo, la persona número dos—el teniente de confianza, la mano derecha—puede parecer menos glamorosa. No obstante, ser el mejor número dos no solo es esencial, sino también profundamente impactante.

Busca ser el que sirve en lugar de ser servido. Busca ser el que apunta hacia los éxitos de otra persona. Busca manejar el negocio de otra persona con excelencia. La obediencia que demuestras a lo largo de esta dimensión puede muy bien abrir la puerta a la siguiente.

Puedo compartir innumerables historias cómo las personas impregnadas con sueños del tamaño de Dios—con visiones del tamaño de Dios—se destacaron como la persona número dos. Al hacerlo, la cuarta dimensión no solo se convirtió en su campo de entrenamiento, sino en la plataforma misma que los lanzó hacia la realización de sus sueños y visiones.

Analicemos a nuestro protagonista, José, por ejemplo. En ningún momento a lo largo de su vida lo vemos sobresalir como la persona número uno. Sin embargo, las responsabilidades y la autoridad que poseía crearon un impacto tal que evitaron lo que podría haber sido un futuro destructivo para toda una generación.

Dentro de la dimensión del muestra, leemos sobre la capacidad de José para proteger su carácter e integridad huyendo de la casa de Potifar. Aunque huyó sin mucha preparación o aviso previo, no se fue con las manos vacías. Tal vez sí, en un sentido físico (no se fue con posesiones físicas… al menos no que sepamos). Sin embargo, se fue con una riqueza de experiencias que se convertirían en parte de su currículum para la realización de sus sueños.

¿Olvidamos que José llegó a la casa de Potifar como esclavo? Sin embargo, su espíritu excelente hizo que Potifar confiara en él con toda su casa. No avancemos demasiado rápido por esta transición en la vida de José. Su condición no determinó su nivel de excelencia. Fue su carácter lo que lo determinó. Podría haber estado amargado. En cambio, mejoró su entorno. Imagina si se hubiera quejado, o peor aun, saboteado lo que se le había confiado debido a la amargura. Imagina si hubiera permitido que el entorno determinara su nivel de servicio. Se habría perdido el entrenamiento que más tarde serviría para alimentar su éxito.

¿Y tú? ¿Cómo manejas las circunstancias adversas en tu vida? ¿Pataleas, gritas y te amargas? ¿O las ves a través de un lente de posibilidades infinitas? ¿Las ves como una oportunidad para entrenamiento y avance? José sirvió con excelencia, y esto se le devolvió de maneras que superaron sus expectativas.

La habilidad de José para ser la mejor persona número dos se convirtió en su *modus operandi*. Después de huir de la casa de Potifar, fue enviado a la cárcel debido a las acusaciones de violación que la esposa de Potifar hizo en su contra. Una vez más, podría haberse amargado. En su lugar, mejoró, y hasta el punto de ganarse el respeto y la admiración del carcelero.

La narrativa bíblica nos recuerda que "el Señor estaba con José y prosperaba todo lo que él hacía" (Génesis 39:23, RVC). Espera, ¿lo captaste? El favor y el éxito de Aquel que provee sueños del tamaño de Dios no ocurren fuera de los esfuerzos de quien ha recibido el sueño. El éxito de Dios estaba sobre todo lo que José *hacía*. En otras palabras, José no estaba inactivo. ¡José no se quedó sentado lamentándose por las consecuencias de falsas acusaciones! ¡No! ¡José *actuó*! Y cuando lo hizo—cuando actuó—el éxito lo siguió.

La obediencia de José para servir (para ser la mejor persona número dos) se convirtió en un catalizador para su promoción. El carcelero confiaba en José hasta el punto de que no prestaba atención a nada que estuviera bajo el cuidado de José.

¿Se puede confiar en ti en circunstancias adversas? ¿Se puede confiar en ti en un entorno laboral que es menos que ideal? ¿Cuál es tu comportamiento en lugares que te desafían? ¿Podría ser que muchos de nosotros hayamos perdido oportunidades de avance porque reaccionamos negativamente ante las condiciones en lugar de superarlas?

> **Cuando las circunstancias son menos que ideales, aun así te levantas, te vistes, te presentas y te niegas a rendirte.**

¿Recuerdas el trabajo de medio tiempo del que hablé en el capítulo 13? Ese trabajo vespertino no era ideal. Estar en un centro de llamadas vendiendo tarjetas de crédito después de un día completo de trabajo no era mi idea de éxito. Como muchos de los que trabajaban allí, podría haber entrado como si acabara de levantarme de la cama. Podría haber hecho las llamadas justas para salir adelante noche tras noche. Pero me negué a ser como los demás.

Desde joven aprendí que, figurativamente hablando, cuando la vida te da limones, no te amargas ni los tiras; los tomas y haces una refrescante limonada. Das lo mejor de ti. Aprendí que cuando las circunstancias son menos que ideales, aun así te levantas, te vistes, te presentas y te niegas a rendirte.

No podría haber imaginado que de todos los representantes en ese centro de llamadas, yo recibiría una llamada para reunirme con el vicepresidente y ser ascendido a la posición más alta en esa ubicación. Rápidamente me di cuenta de que siempre hay alguien observando. Muy a menudo, y sin que lo sepamos, las personas observan nuestras acciones, escuchan nuestra retórica, observan nuestra actitud y buscan saber cómo manejamos las circunstancias adversas. Todo lo que se necesita es que el Dador de Sueños tenga a la persona adecuada en el momento adecuado para servir como el catalizador que te lance hacia la realización de tu sueño dado por Dios.

La promoción que recibí en esa empresa no fue la realización de un sueño dado por Dios. Pero, sin duda, sirvió como un campo de entrenamiento que me llevaría a otro puesto, que llevaría a otro, y a otro, y a otro. Cada vez que llegaba un ascenso, me iba sabiendo que había dado lo mejor de mí. Me iba con más conocimiento, más sabiduría y una mayor comprensión de lo que se avecinaba en el horizonte.

A medida que profundizamos en el estilo de vida de José, descubrimos que una y otra vez, las condiciones no eran ideales. Todo en lo que José sobresalía sucedía en medio de un desafío. ¿Te imaginas llegar a una prisión, que te encarguen a los prisioneros y luego proceder a servirles mientras nadie te sirve a ti? Este es, sin duda, el modelo de ser la mejor persona número dos en un mundo de número uno.

Déjame explicarlo. José, el hombre a quien se le ha dado un sueño del tamaño de Dios, ahora ha sido encargado de supervisar a otros prisioneros. Dos de los prisioneros que estaban en la cárcel habían tenido un enfrentamiento con el rey que los llevó a prisión. Coincidentemente, cada uno de los dos prisioneros tuvieron sueños mientras estaban en la cárcel. Cuando José vio que parecían preocupados, les preguntó sobre su estado. Ellos procedieron a compartir sus sueños con José, y José los interpretó.

Las acciones de José no dejan de asombrarme. Se necesita alguien comprometido a ser la mejor persona número dos para actuar y servir como lo hizo José. ¿Cómo puede un hombre con un sueño del tamaño de Dios interpretar el sueño de otra persona mientras nadie está interpretando el suyo? ¿Podría ser una prueba de cómo manejamos los sueños de otras personas mientras nuestros sueños no se cumplen?

Una vez más, José podría haberse amargado. Podría haber pensado *¿por qué debería importarme sus sueños? ¡Yo también tenía sueños, y aquí estoy en prisión!* Podría haber pensado *¿por qué debería servir a alguien? ¡La última vez que lo hice, alguien mintió sobre mí y eso me llevó a prisión!* Pero aquí es donde te recuerdo que tu sueño del tamaño de Dios es demasiado grande como para permitir que la amargura, la ira, el remordimiento o la complacencia te impidan dar lo mejor de ti en situaciones adversas. Nunca sabes cómo el Dador de Sueños conectará los puntos y usará tu obediencia para convertirte en lo mejor en tus peores momentos, y lanzarte hacia la realización.

PUERTAS OCULTAS

Creo que detrás de los actos de obediencia hay puertas ocultas, caminos que solo se pueden acceder una vez que se toman los pasos de obediencia. Hace algunos años, tal como José impulsó el sueño de otra persona, me sentí impulsado a invertir en el sueño de un colega. Había trabajado con él en múltiples capacidades a lo largo de los años. Era el presidente de una organización nacional y estaba organizando una reunión de la junta combinada con una conferencia en un estado al otro lado del país. Vi un anuncio de su conferencia en mi plataforma de redes sociales. En el momento en que vi la publicación, sentí un impulso de asistir. No había sido invitado. No era un orador invitado. Tampoco formaba parte de la junta directiva en ese momento. Sin embargo, sentí algo que me decía: *A veces, es bueno invertir en los sueños de otras personas, no solo en los tuyos.*

Asistir a la conferencia requeriría una inversión de mi parte. Significaba que tendría que reservar un vuelo de ida y vuelta, reservar un hotel, pagar una cuota de inscripción y, por supuesto, cubrir cualquier gasto personal adicional. Compartí mi impulso con mi esposa, y aunque le pareció un poco extraño, dijo: "Si eso es lo que sientes, ¡entonces deberías ir!". Gracias a Dios por las esposas que confían en los impulsos de sus maridos.

Llegó el momento, y volé al evento. Aparte de asistir a algunas grandes sesiones de la conferencia, un concierto por la noche, reencontrarme con varias personas que conocía y hacer algunas conexiones en general, no experimenté nada fuera de lo común. De hecho, la noche antes del día en que tenía que volar de regreso, me encontré con el presidente de la organización, quien me preguntó: "¿Qué haces aquí?".

Inicialmente, pensé: *¡Qué grosero!* Pero después de una breve conversación, entendí que simplemente estaba sorprendido de verme. Él dijo: "¡Debiste haberme dicho que venías! Podríamos haber conectado antes . . .". Agradecí las amabilidades, pero no pensé más en ellas.

Unos días después de regresar a casa, recibí una llamada del presidente de la organización. Dijo: "Voy a compartir algo extremadamente importante contigo. Necesito que lo pienses y me llames antes del final del día". Antes de que pudiera preguntar qué era tan urgente, su siguiente frase cambió mi vida. Dijo: "Me han presentado una proposición increíble, y requiere que ofrezca una oportunidad a varias personas. Al pensar en a quiénes considerar, te imaginé en mi reciente conferencia y supe de inmediato que tú tenías que ser uno de ellos".

Sus siguientes palabras cambiaron la trayectoria de nuestro ministerio en ese momento. Me ofreció la oportunidad de transmitir un programa semanal de una hora en una cadena nacional de televisión. ¡Espera, hay más! Grabaríamos nuestro programa en sus estudios en la ciudad de Nueva York con algunos de los mejores equipos y personal de la industria, todo por el gran precio de cero dólares. Cada episodio probablemente costaba el equivalente a diez mil dólares. ¡Me quedé sin palabras!

Tener nuestro propio programa de televisión había sido un sueño, un sueño que había pasado desapercibido y sin respuesta hasta que invertí en el sueño de otra persona. Poco sabía que mi obediencia a ese impulso, esa pequeña voz interior, sería el terreno fértil donde nacería mi sueño. Un acto de obediencia se multiplicó en miles de dólares de programación televisiva gratuita y un impacto global en la vida de miles y miles de personas.

¿Qué habría pasado si hubiera desobedecido ese impulso? ¿Qué hubiera pasado si me hubiera preocupado por el costo de invertir en el sueño de otra persona? ¿Qué hubiera pasado si hubiera decidido ignorar el impulso y quedarme en casa solo porque no tenía un papel en la conferencia? No puedo expresar lo agradecido que estoy de que, en ese momento, todo lo que hice no tuvo nada que ver conmigo. No tuvo nada que ver con invertir en algún sueño personal. Si hubiera sido mi conferencia o algún otro evento, habría sido la persona número uno. Ese no fue el caso. Simplemente fui una persona número dos, sirviendo el sueño de otra persona.

> **Tus sueños no son solo sueños personales destinados a la gratificación personal. Son grandiosos y están destinados a impactar a los demás.**

José no fue diferente. (¡Por favor, disculpa el spoiler!). Me pregunto si José alguna vez imaginó que el acto desinteresado de interpretar los sueños de dos individuos que estaban en el mismo lugar que él, sirviendo como prisioneros, se convertiría en la puerta abierta que lo liberaría y lo lanzaría hacia la realización de sus sueños del tamaño de Dios.

Por favor, no pierdas los detalles delineados a lo largo de esta dimensión. Los sueños del tamaño de Dios—las visiones del tamaño de Dios—son tan poderosos que requieren intencionalidad. No puedes ignorar los impulsos cuando navegas el viaje dimensional hacia la realización de los sueños. No puedes vivir como una persona hecha "en serie". No puedes vivir como todos los demás y esperar resultados del tamaño de Dios. ¡Eres diferente! Tus sueños no son solo sueños personales destinados a la gratificación personal. Son grandiosos y están destinados a impactar a los demás. Están destinados a marcar la diferencia para las generaciones venideras.

EL REPARTIDOR

A lo largo de la historia, innumerables personas resilientes han aprendido el arte de la obediencia. Su obediencia los ha lanzado a vivir sueños del tamaño de Dios. Una de esas personas se encuentra en una narración bíblica sobre un joven que servía a su padre en las sombras, en el anonimato, mientras sus hermanos disfrutaban de la atención. El nombre de ese joven era David, y su historia se encuentra en la Biblia, en el primer libro de Samuel.

No voy a detallar toda su narrativa. Permíteme comenzar después de que un profeta lo señaló y oró por él, y en un acto de llamado divino, derramó aceite sobre su cabeza. En ese momento, a David se le dio un sueño del tamaño de Dios. Había sido apartado para algo más grande. Sin embargo, la historia revela que a pesar de su momento de protagonismo frente a su familia, regresó a servir a su padre cuidando de sus ovejas. David volvió a ser una persona número dos en un mundo de número uno.

Un día, su padre le pidió que llevara el almuerzo a sus hermanos, quienes estaban en el campo de batalla luchando contra un enemigo que los hostigaba constantemente. En obediencia a su padre,

David, con la cesta de comida en mano, se dirigió al campo de batalla para servir el almuerzo a sus hermanos.

Al acercarse a los márgenes del campo de batalla, escuchó a Goliat—un hombre gigantesco del lado del enemigo—burlarse y mofarse del Dios al que David servía: el Dios de Abraham, Isaac y Jacob, el Dios de los israelitas. Llegó el momento en que David había escuchado lo suficiente. No podía creer cómo sus hermanos y los demás soldados podían quedarse quietos mientras Goliat los desafiaba día y noche. Sin vacilar, se dispuso a enfrentarse al gigante.

¿Qué lo preparó para tal impulso interno? ¿Fue su preparación militar? ¡No! No tenía ninguna. ¿Fue su tamaño y estatura? ¡No! Era pequeño en comparación con el gigante. ¿Qué fue entonces? David lo articula muy bien: fue la preparación que recibió mientras servía a su padre y cuidaba de sus ovejas. En un lugar donde sus logros pasaban desapercibidos y fuera del foco de atención, defendía a las ovejas de su padre contra leones y osos para mantenerlas a salvo. Poco sabía que ese entorno, lejos de ser ideal, se convertiría en el campo de entrenamiento que lo pondría en el camino hacia la realización de un sueño del tamaño de Dios.

Una vez más, ¡*spoiler alert*! David derrotó al gigante. Al hacerlo—al obedecer a su padre y servir el almuerzo a sus hermanos—se encontró en una oportunidad única en la vida que lo pondría en camino para ver el cumplimiento de aquello para lo que había sido apartado.

> **Si el servicio no fue indigno para David, quien se convirtió en un rey poderoso y extremadamente exitoso, entonces no debería serlo para ti ni para mí.**

¿Qué hubiera pasado si la reacción de David hacia su padre hubiera sido: "¿Por qué tengo que llevar el almuerzo?" o "tengo ovejas que cuidar, manda a alguien más"? ¿Qué hubiera pasado si la ceremonia que lo apartó hubiera inspirado orgullo en él y lo hubiera llevado a pensar: *Ya no soy una persona número dos; ¡soy el número uno!* Hubiera perdido la oportunidad que surgió de servir a otra persona. Hubiera perdido el impulso de enfrentarse a un gigante que otros tenían miedo de confrontar.

Si el servicio no fue indigno para David, quien se convirtió en un rey poderoso y extremadamente exitoso, entonces no debería serlo para ti ni para mí. Si su llamado ceremonial al título de "rey" no extinguió su deseo de ser obediente, entonces tampoco nuestras posiciones, títulos y logros deberían impedirnos ser obedientes. Un solo acto de obediencia podría ser el trampolín hacia la realización de tu sueño del tamaño de Dios.

SACRIFICIO

"Nada grandioso se ha logrado jamás sin hacer sacrificios".
—Autor Desconocido

"Aquel que desee lograr poco, necesitará sacrificar poco; quien aspire a lograr mucho, deberá sacrificar mucho; quien debe alcanzar grandes alturas, debe hacer grandes sacrificios".
—James Allen

Los actos de obediencia pueden incluir actos de sacrificio. ¿Qué pasaría si un acto de sacrificio fuera el puente entre la dimensión de la obediencia y tu próxima dimensión, y la diferencia entre quedarte donde estás o avanzar? A primera vista, los sacrificios pueden parecer desalentadores. Sin embargo, no son intrínsecamente negativos. Hacer un sacrificio es tomar una decisión consciente de priorizar ciertos objetivos sobre otros. Por lo tanto, si vas a ver el cumplimiento de sueños del tamaño de Dios—visiones del tamaño de Dios—espera hacer sacrificios.

El relato bíblico de uno de nuestros protagonistas (Abraham, por ejemplo) es el testimonio perfecto de la intersección entre la obediencia y el sacrificio. Mientras navegas el camino hacia el cumplimiento de una visión del tamaño de Dios, la disposición de Abraham para sacrificar a su hijo Isaac, conocido como la *akedá* o la atadura de Isaac,[4] ofrece profundas lecciones sobre la importancia del sacrificio. Abraham estaba dispuesto a retener (atar) lo que más amaba y ponerlo en un altar para obedecer lo que él sentía que era la dirección de Dios para su vida.

A lo largo de los últimos capítulos he presentado la distinción entre Isaac como un anticipo de una promesa mayor e Isaac como el cumplimiento de una promesa. Sabemos, por el texto bíblico, que la promesa a Abraham *no era* simplemente que tendría un hijo, sino que se convertiría en una gran nación (Génesis 12:2). Entonces, ¿por qué un Dios amoroso demandaría un sacrificio tan extremo al pedirle a Abraham a su hijo? Ya sabemos cómo termina la historia. Sabemos que Abraham no tuvo que llevar a cabo el sacrificio.

> **El sacrificio es una expresión de compromiso y lealtad.**

Entonces, ¿por qué la demanda? La respuesta radica en la fe. Dios no estaba tratando de ser cruel. En cambio, el Dador de la

---

4 "Akedá", *Encyclopaedia Britannica*, última actualización el 28 de junio de 2024, https://www.britannica.com/topic/Akedah.

visión del tamaño de Dios sabía muy bien la magnitud de lo que Abraham estaba llamado a lograr. Si Abraham se hubiera aferrado firmemente a Isaac por miedo, ¿cómo podría haber sido digno de manejar cosas mayores? A diferencia de Abraham, no es a menudo el tamaño de nuestra visión lo que estanca nuestro progreso, sino nuestra incapacidad para vivir la vida con una mano abierta. A menudo recibimos dones, bendiciones y oportunidades que nunca nos pertenecieron. Luego procedemos a aferrarnos a ellos con fuerza por miedo a perder lo que tenemos. Nos aferramos a ellos como si el mismo Dios que creó las oportunidades iniciales no fuera el mismo Dios que puede abrir el camino para cosas mayores. La obediencia inquebrantable de Abraham demostró que la verdadera grandeza a menudo requiere dar pasos hacia lo desconocido, guiados por la fe, con la visión del tamaño de Dios profundamente arraigada en nuestra alma como guía.

La disposición de Abraham para sacrificar a su amado hijo resalta el concepto del sacrificio como devoción. El sacrificio no se trata meramente de renunciar a algo valioso. Es una expresión de compromiso y lealtad. A veces el sacrificio consiste en establecer un estándar que no se había establecido antes simplemente por el compromiso de ver el cumplimiento de algo mucho más grande que tú. Al igual que Abraham, puede que te sientas impulsado a hacer sacrificios para los que aún no tienes un patrón o punto de referencia. Sin embargo, sabes que debes hacerlo si deseas ver el cumplimiento de tu visión del tamaño de Dios.

Me viene a la mente otro personaje VIP en la Biblia llamado Josué. Él estaba acostumbrado a ser la mejor persona número dos en un mundo de número uno. Era el número dos para un hombre llamado Moisés. Sin embargo, cuando Moisés murió quedó a cargo de liderar a miles de personas hacia una tierra que Dios les había prometido. Aquí está el detalle: nunca había recorrido ese camino antes. Así que los oficiales bajo su liderazgo dieron instrucciones muy específicas al pueblo para que pudieran lograr lo que se les había prometido (Josué 3).

De manera similar, en nuestro camino hacia el cumplimiento, encontramos cosas para las que no tenemos un modelo de comportamiento. Por lo tanto, considerando que los sueños del tamaño de Dios requieren intervención del tamaño de Dios, debemos estar abiertos a las indicaciones que nos llevan por caminos desconocidos.

Al igual que Abraham, tú también puedes cuestionar inicialmente el propósito de hacer sacrificios. Con el tiempo te das cuenta de que tus acciones modelaron un comportamiento para que otros lo siguieran. Te das cuenta de que tus acciones establecieron el estándar para que otros lo emularan; que una visión simple puede requerir acciones mínimas, pero una visión del tamaño de Dios a menudo requiere sacrificios extremos. Conozco muy bien el dolor de tales sacrificios.

LLEGAR A SER

No habría suficiente espacio en este manuscrito para contar todas las formas en las que he tenido que hacer sacrificios en este camino hacia el cumplimiento de una visión del tamaño de Dios, especialmente como un niño intrínsecamente introvertido, acosado, de una ciudad de una milla cuadrada en Nueva Jersey que pudo haber sido una estadística de la vida de conformismo.

Desde temprano en la vida, aprendí una lección valiosa. Aprendí que si no puedes encontrar la ayuda que necesitas para navegar el viaje hacia la madurez, entonces haces los sacrificios necesarios y te conviertes en esa persona. A veces tu éxito vendrá de *convertirte* en el modelo en lugar de *esperar* que alguien modele el comportamiento. Debes convertirte en ello. A través de la dirección divina te conviertes en lo que necesitas. Te conviertes en el modelo para alguien más. Abres el camino para los demás.

Tuve que vivir ese principio de *convertirme* varias veces en mi vida. Uno de esos momentos llegó temprano durante mi vocación como pastor. Imagina a un pastor en sus veintes desesperado por necesitar y buscar un modelo de liderazgo para poder prosperar. No estoy hablando de personas de las que lees o ves videos en YouTube. Estoy hablando del tipo de personas a las que puedes llamar y cuya sabiduría puedes extraer cuando más la necesitas, personas sin segundas intenciones.

En ese momento, no tenía el presupuesto para pagar algunos de los honorarios y gastos de viaje asociados con traer a líderes de alto calibre a conferencias o eventos especiales. Sabía lo importante que era tener voces, aparte de la de mi esposa y la mía, hablando y compartiendo sabiduría con nuestro liderazgo y con la congregación en general. Pero por alguna razón me sentía limitado. Sentía que no podía conectarme con las personas adecuadas o que el momento no era el correcto. De cualquier manera, me sentía solo en un camino difícil, solo con Dios para apoyarme.

En retrospectiva, ahora entiendo que estaba destinado a pasar por esa temporada y experimentar lo que ahora llamo la dimensión de la obediencia. Tal vez no era que la gente no estuviera disponible. Tal vez solo estaba ciego a las opciones disponibles para mí, de modo que pudiera obtener una mayor comprensión de lo que significaba hacer sacrificios. Sea cual sea el caso, un día salí a caminar y clamé a Dios, "¿dónde están las personas que pueden venir a mi rescate cuando más las necesito?", exclamé. "¿Hay alguien por ahí que sienta el impulso de levantar el teléfono y decir: 'Sentí el impulso de llamarte y ofrecerte cualquier ayuda que pueda'?", continué quejándome.

A medida que continuaba mi perorata, cuestioné las motivaciones de las personas. "Es una pena que no pueda traer a la calidad de personas que me gustaría porque no puedo pagarle", me quejé. En ese momento, tuve que detenerme. No podía permitir que mis necesidades insatisfechas se convirtieran en amargura. No podía empezar a ver las cosas a través de un lente negativo y acusar a las personas sin ninguna causa justificable.

Mientras vacilaba entre un grito de ayuda y una fiesta de autocompasión, pensé en José. Sí, nuestro protagonista bíblico José. Me preguntaba si eso era lo que él sentía mientras estaba en prisión interpretando los sueños de otras personas mientras nadie estaba allí para interpretar los suyos. Me preguntaba si eso era lo que sentía cuando aquellos cuyos sueños interpretó fueron liberados de la prisión (uno de ellos perdió la vida), mientras él permanecía olvidado.

Sentí que Dios respondió de inmediato con un impulso bastante peculiar pero preciso: *¡conviértete en esa persona!*

¡Espera! ¿Qué? Estoy clamando por ayuda, y en lugar de recibir la ayuda que necesito, se me instruye que me convierta en la misma persona que estoy buscando... ¡Esa no era la respuesta que esperaba! Pero de alguna manera, en un sentido muy extraño, me sentí aliviado. En cierto modo supe que esta dimensión era más grande que yo. Era más grande que mis problemas temporales. Había una lección en proceso, y estaba a punto de descubrir cuál era.

A la mañana siguiente, mientras estaba sentado en silencio durante mi tiempo habitual de devoción, oración y meditación, me vino a la mente el pensamiento de un pastor en otro estado. No había estado pensando en él, ni su nombre había surgido en ninguna conversación reciente. Así que supe en ese momento que debía llamarlo.

Inmediatamente levanté el teléfono y lo llamé. Para mi sorpresa, contestó. No estoy seguro de por qué esperaba llegar a su buzón de voz. Después de unos breves y cordiales saludos, fui honesto con él. Le dije, "no estoy exactamente seguro de por qué te estoy llamando. Estaba sentado aquí haciendo mi devoción diaria, orando y meditando, y sentí el impulso de llamarte. ¡Así que tal vez esto no signifique nada!", dije. "Si es así, solo debes saber que hay alguien allá afuera que acaba de pensar en ti y está orando por ti".

Hubo una larga pausa. Pensé que tal vez nos habíamos desconectado. Pero cuando estaba a punto de preguntar si todavía estaba en la línea, dijo con un tono sollozante, "¡No puedo creer esta llamada!".

"¿Qué quieres decir?", pregunté, preguntándome qué estaba sucediendo.

Me dijo "estaba clamando a Dios hace un momento, preguntando: '¿Habrá alguien por ahí que escuche de Ti y que sea lo suficientemente obediente como para levantar el teléfono y ofrecer ayuda o una palabra de aliento?'".

Me quedé sin palabras.

Me sentí humilde ante un momento tan divino. Todo lo que estaba pasando se hizo insignificante en comparación con la mezcla de humildad y privilegio que sentí en ese momento. Sin dudarlo, ofrecí proporcionar lo mismo que yo había estado pidiendo. Dejé en claro que no estaba buscando una oportunidad para hablar ni nada por el estilo. Simplemente dije: "Si puedo ser de servicio para ti, tu liderazgo o tu congregación, por favor, sabes que estoy aquí. No tienes que preocuparte por un honorario o cubrir ningún costo. Esto es totalmente por mi cuenta. ¡Estoy aquí para invertir en tu visión!".

Como si esto hubiera sido una oración contestada, aceptó mi oferta. No estaba en posición de hacer libremente tales sacrificios. ¡Era joven! Apenas estaba comenzando, y necesitaba ayuda. Sin embargo, sabía que eso era exactamente lo que era: un sacrificio.

A medida que este mismo escenario se repetía múltiples veces con diferentes personas alrededor del país, rápidamente me di cuenta de que el propósito detrás de todo esto no era simplemente viajar por el país o el mundo sin preocuparme por los honorarios o los gastos de viaje. Sabía que era una prueba de obediencia. Era una prueba de transformación. ¿Podría convertirme en la misma persona que estaba buscando? ¿Podría modelar el comportamiento que desesperadamente necesitaba?

Cada vez que me sentía impulsado a dar un gran paso de fe, el resultado fue sobrenatural. Las relaciones que he desarrollado y las personas que he conocido de manera divina mientras daba pasos de obediencia han sido invaluables.

Curiosamente, cuanto más me convertía en la persona con las cualidades que estaba buscando, más providencialmente Dios abría el camino para satisfacer mis necesidades. Aquí tienes un ejemplo de las muchas veces en que he sido testigo de tal fenómeno.

Era una noche de miércoles durante esos primeros años cuando salía a caminar y orar (a veces eran más desahogos y pataleos que oraciones). Una mujer que no asistía a nuestra iglesia entró en un servicio a mitad de semana que estábamos teniendo y pidió vernos a mi esposa y a mí después del servicio. Como si estuviera desesperada por hablar con uno de nosotros, se nos acercó en el santuario cuando el servicio había terminado.

Ella nos dijo: "Estoy aquí porque mientras oraba ayer, sentí el impulso de escribir este cheque y traérselo. ¡No estoy segura de por qué esta cantidad tan extraña, pero solo estoy siendo obediente", añadió sin ninguna vacilación.

> **Lo que hacemos por otros, Dios puede hacerlo por nosotros.**

Cuando abrimos el cheque, era por el saldo exacto de la alfombra que habíamos ordenado dos días antes para el nuevo santuario de adoración que llevábamos seis meses construyendo. Pensamos que tendríamos que recaudar esos fondos. Como una iglesia nueva con pastores jóvenes, habíamos estado planificando y creando estrategias, pero, para ser sinceros, también estábamos avanzando en fe. No una fe ciega e ignorante. No el tipo de fe que toma decisiones ignorantes, sino el tipo que requiere estirarse mucho más allá de nuestra zona de confort.

Mientras mi esposa y yo mirábamos el cheque, sin palabras, recordé que la obediencia tiene una forma de ser recíproca. Lo que hacemos por otros, Dios puede hacerlo por nosotros. Lo que, en obediencia, nos convertimos para otros, Dios hará que otros se conviertan para nosotros.

¿Podría ser que la próxima dimensión nos espere al otro lado de los sacrificios que estamos dispuestos a hacer? No porque se nos pida hacer sacrificios como una forma de castigo cruel y extraño. ¡No! Pero si se nos ha de confiar la grandeza, entonces no podemos permitir que las cosas que voluntariamente deberíamos dejar ir, nos dominen. ¿No fueron esas las palabras de Dios a Abraham justo cuando estaba a punto de sacrificar a Isaac?

¡No pongas tu mano sobre el muchacho!—dijo el ángel—. No le hagas ningún daño, porque ahora sé que de verdad temes a Dios. No me has negado ni siquiera a tu hijo, tu único hijo.

Entonces Abraham levantó los ojos y vio un carnero que estaba enredado por los cuernos en un matorral. Así que tomó el carnero y lo sacrificó como ofrenda quemada en lugar de su hijo (Génesis 22:12-13, NTV).

No puedo evitar preguntarme cuánto tiempo llevaba el carnero atrapado en el matorral. ¿Había estado allí a plena vista? ¿Había estado cegado ante él porque estaba tan enfocado en ser obediente a lo que sentía intrínsecamente que debía hacer? Sea cual sea el caso o la razón, el carnero esperó al otro lado de su obediencia. Como Abraham, he sido testigo muchas veces del oportuno carnero. Y al igual que Abraham, solo han aparecido a la vista *después* de actos de obediencia. ¿Y tú? ¿Podría ser que tu dimensión de plenitud te espere al otro lado de *tu* obediencia?

TU MOMENTO MÁS OSCURO

"Incluso en tu momento más oscuro, recuerda, ¡todavía hay un sueño!".
—C. Olmeda

"La oscuridad no puede ocultar una visión clara".
—C. Olmeda

En los momentos más oscuros de la vida, cuando el peso de la adversidad amenaza con aplastar tu espíritu, es fácil perder de vista tus sueños. Sin embargo, es precisamente durante estos tiempos desafiantes cuando tus sueños del tamaño de Dios pueden brillar con más fuerza. Recuerda, son sueños del tamaño de Dios. Son mayores que tu capacidad limitada. Los sueños del tamaño de Dios requieren una fuerza del tamaño de Dios. Los sueños del tamaño de Dios requieren una tenacidad del tamaño de Dios. Eso significa que en esos momentos de desesperación, cuando la pérdida y la dificultad parecen dominar, surge una tenacidad profunda que te lleva a través de las tormentas de la adversidad. Puede que no *salgas* de la tormenta, ¡pero la *superarás*!

Los momentos más oscuros de la vida vienen en una infinidad de formas. Pueden manifestarse como tragedias personales, como la pérdida de seres queridos, una enfermedad debilitante, profundas decepciones, o lo que puede parecer sueños destrozados. También pueden surgir de fuerzas externas como convulsiones sociales, crisis económicas o desastres naturales. En cada caso, la oscuridad amenaza con abrumar y envolver las aspiraciones en dudas y desesperación. Sin embargo, en lo profundo de estas experiencias hay un poder transformador. Es en estos momentos de desesperación cuando el espíritu humano es puesto a prueba y, paradójicamente, fortalecido. La determinación para soportar y superar a menudo nace en los crisoles de estas adversidades.

¿Qué hace que esta dimensión sea la más oscura dentro del modelo de cinco dimensiones? A menudo se cierne en los márgenes de la quinta dimensión. En esta dimensión, estás al borde de ver el cumplimiento de tus sueños del tamaño de Dios. Con frecuencia me he preguntado cuántas personas se han rendido, se han quitado la vida, han abortado un sueño o han cedido al *statu quo* sin darse cuenta de que los momentos oscuros no durarían para siempre.

Me pregunto si así es como se sintió José. Emocionado, compartió sus sueños con sus hermanos mientras lucía un abrigo multicolor que su padre le había dado. Esa muestra de grandeza no fue bien recibida. Fue arrojado a un pozo seco y dado por muerto mientras sus hermanos se sentaban a disfrutar de una comida cerca (Génesis 37).

¿Quién mostraría un comportamiento tan despiadado? Ese nivel de dureza de corazón muestra el nivel de desconexión que domina las emociones de alguien cuando están presentes los celos y el desprecio. Tristemente, José tuvo que soportar tales atrocidades como un hombre inocente. ¿Cómo procesa uno tal jornada de acontecimientos similares? Una cosa es soportar las consecuencias de impropiedades personales. Otra cosa es encontrarte sufriendo por el comportamiento egoísta, celoso y destructivo de otra persona.

Afortunadamente, debido a un acto de misericordia, sus hermanos eligieron venderlo como esclavo en lugar de dejarlo morir. A estas alturas ya sabes cómo terminó esa historia. Luego, a pesar del comportamiento ejemplar de José, la esposa de su amo lo acusó injustamente y terminó en prisión. Uno pensaría que tal jornada dramática y traumatizante de los acontecimientos haría que José se volviera amargado. ¿Por qué no lo haría? Ha soportado traición, maltrato y mentiras, y ahora debe soportar una condena por algo que sabe que es inocente.

¿Alguna vez te has sentido así? Sintiendote que cuando crees que has tenido un respiro, ese alivio se desvanece rápidamente después de una jornada ardua de los acontecimientos. Eso es precisamente lo que el modelo de cinco dimensiones representa. Si no tienes cuidado, puedes malinterpretar esta dimensión de obediencia, donde los desafíos, el dolor y la oscuridad parecen prevalecer, como el final de la cuerda que necesitas. Pero, ¿y si te dijera que en el plan maestro de los sueños del tamaño de Dios, todas las cosas trabajan juntas para bien (Romanos 8:28)? Debido a que la dimensión de la obediencia es parte del proceso para ver el cumplimiento de tus sueños del tamaño de Dios, la actitud y el comportamiento durante esta dimensión importan.

No soy ignorante de la multitud de emociones que vienen con los tiempos difíciles. Preguntas, dolor, frustración e incluso ira pueden surgir cuando esos momentos de dolor y oscuridad invaden tu vida de maneras inesperadas. Cuando lo hacen, esas emociones deben ser procesadas, comunicadas y confrontadas. Pero no tienen que controlarte. Si puedes reconocer que incluso esos momentos de oscuridad pueden desempeñar un papel en el cumplimiento de tus sueños del tamaño de Dios, entonces la forma en que manejas el proceso se vuelve de suma importancia.

Cuanto más pienso en el proceso de José, más convencido estoy de que la dimensión de la obediencia no está exenta del proceso de cumplimiento. En cambio, es una parte integral del proceso. La dimensión de la obediencia produce oportunidades para la resiliencia, el crecimiento y una prueba de tu carácter.

RESPONSABILIDAD Y RESPUESTA

Para obtener una idea de cómo la actitud influye categóricamente en el cumplimiento de un sueño del tamaño de Dios, echemos un vistazo al proceso de José durante una de sus temporadas más difíciles, frías y oscuras en la prisión. Dos aspectos clave de su viaje destacan como dignos de observación: su responsabilidad y su respuesta. ¿Cómo es que alguien que ha soportado tanta dificultad permanece tan firme? Su firmeza es tal que el Dador divino de su sueño del tamaño de Dios le concede favor con el carcelero. No solo el tipo de favor que lo hizo destacar entre los otros prisioneros. ¡No! Este tipo de favor le otorgó la supervisión de todo lo que ocurría en la prisión. ¡El carcelero ni siquiera tenía que prestar atención a nada bajo el cuidado de José!

> **No puedes tener control sobre lo que alguien hace. Pero tienes control sobre cómo respondes.**

Ese nivel de favor nos enseña que el sentido de responsabilidad de José se mantuvo intacto incluso en medio de la adversidad. Su actitud, su resiliencia y su capacidad para manejar todo lo que se le había confiado con excelencia hablaban mucho de su carácter a pesar de las condiciones que lo rodeaban. Poco sabía él que el mismo lugar que podría haber aplastado su espíritu y su sueño se convertiría en la plataforma de lanzamiento para su promoción.

La actitud de José nos enseña que si bien fueron las falsas acusaciones de alguien las que lo llevaron a la prisión, su carácter tuvo todo que ver con su respuesta. No puedes tener control sobre lo que alguien hace. Pero tienes control sobre cómo respondes. No puedes tener control sobre las tragedias personales inesperadas o las fuerzas externas que te catapultan a momentos y lugares de oscuridad, pero puedes controlar tu actitud en el proceso. Es en esta encrucijada donde la fe te llevará a través de todo: fe en Dios, el Dador de tu sueño del tamaño de Dios. Tu fe proporcionará un faro de luz en los tiempos más oscuros. Mientras navegas por la cuarta dimensión en fe, comprenderás el propósito del sufrimiento, que las pruebas no son arbitrarias, sino oportunidades para el crecimiento y la trascendencia.

La fe imbuye los desafíos de la vida con significado y sirve como fuente de fortaleza y consuelo. En las profundidades de la desesperación, promete esperanza y renovación. La fe se convierte en la base sobre la cual se construyen los sueños del tamaño de Dios. Recuerda, estos son sueños del tamaño de Dios. Tienen un impacto multigeneracional. Desafían la lógica y las circunstancias y están impulsados por una convicción que trasciende lo temporal. Así que aguanta, porque la cuarta dimensión no dura para siempre.

En ningún lugar dentro de la narrativa de José leemos que pudo acelerar el viaje a través de una dimensión tan desafiante. En ningún lugar leemos sobre una voz alentadora mientras navegaba por un tiempo tan frío y oscuro. En ningún lugar leemos que tuvo otro sueño que le recordara que el futuro se veía más brillante. En ningún lugar leemos de una voz divina que lo consolaba diciéndole que todo estaría bien. En ningún lugar leemos de una visita que le recordara que no estaba solo. ¡No! ¡En ningún lugar! En cambio, se encontraba en un mundo de silencio, tal vez no de los prisioneros que lo rodeaban, sino de cualquier cosa que le recordara que su vida no había terminado.

Ese silencio es lo que hace que esta dimensión sea tan difícil. Entonces, ¿qué harás cuando el silencio sea tan ensordecedor que sientas como si hubieras sido abandonado? ¡Aférrate al sueño inicial! Si aún no has experimentado el cumplimiento de tu sueño del tamaño de Dios y todo lo que sientes es silencio a tu alrededor, entonces estás atravesando la cuarta dimensión de la obediencia. Eso significa que si puedes mostrar resiliencia incluso en tus momentos más oscuros, es solo cuestión de tiempo antes de que te recuperes de la adversidad. Ya sea que lo hayas notado o no, la resiliencia es un sello distintivo del espíritu humano. Has sido creado para resistir la oposición. Es parte de tu diseño.

La resiliencia es un testimonio de nuestra capacidad innata para la transformación y la renovación. La resiliencia permite que personas como tú y yo no solo soportemos las tormentas de la vida, sino que salgamos más fuertes, más sabios y más determinados. ¿Cuántas historias aún no se han escrito sobre personas que han pasado de la pobreza a la prosperidad? ¿Cuántas historias aún no se han escrito sobre comunidades que se han reconstruido después de la devastación? La resiliencia encarna el triunfo de la esperanza sobre la desesperación. Es esta resiliencia la que nutre y sostiene los sueños del tamaño de Dios, permitiéndoles florecer a pesar de las probabilidades.

Es en esta encrucijada entre dónde estás y hacia dónde te diriges que te pido que te detengas y reflexiones sobre tu sueño del tamaño de Dios. No es una mera fantasía. Tu sueño está impregnado de propósito y significado. Recuerda, los sueños del tamaño de Dios trascienden la ambición personal. Son sueños que inspiran y elevan, que trascienden las limitaciones que las circunstancias y la adversidad imponen. Lo que distingue la ambición personal de los sueños del tamaño de Dios es la capacidad de perdurar. Los sueños del tamaño de Dios no se desvían fácilmente por contratiempos o fracasos, sino que prosperan en medio de la incertidumbre y el desafío. Están impulsados por la pasión, la visión y una creencia inquebrantable en la posibilidad de lo extraordinario.

A medida que comienzas a reflexionar sobre la magnitud de tu sueño del tamaño de Dios, tu actitud, comportamiento, tenacidad y resiliencia se elevan a nuevos niveles. Enfocarte en el cumplimiento de tus sueños del tamaño de Dios no puede acelerar el proceso a través de tus momentos más oscuros. Puede que no te exima del dolor, la rabia y la multitud de emociones que vienen con esta dimensión. Pero evita que tu espíritu sucumba a la desesperación y a la aceptación de un nivel de vida inferior. Tu entorno puede dictar una cosa, pero tu mente, fe y resiliencia dictarán otra. Permíteme recordarte que esta cuarta dimensión de la obediencia es, de lejos, la más difícil de navegar. ¡No hay manera de evitarla! Sin embargo, aunque los momentos más oscuros pueden proyectar largas sombras, no pueden extinguir la luz de los sueños del tamaño de Dios. La fe, la resiliencia y una creencia inquebrantable en el potencial de la transformación te permitirán a ti y a mí trascender la adversidad y esforzarnos por la grandeza. Ya sean personales o colectivos, estos sueños inspiran esperanza, encienden la pasión y nos impulsan hacia un futuro más brillante. Por lo tanto, ten la seguridad de que dentro de cada desafío se encuentra una oportunidad de crecimiento. Abracemos la oscuridad, no con miedo, sino con coraje y convicción. Porque es al superar la adversidad que los sueños del tamaño de Dios se forjan.

Si todo lo que ves es oscuridad y desesperación, si todo lo que sientes es soledad y un silencio ensordecedor, entonces aguanta. La cuarta dimensión no durará para siempre. Si todo lo que tienes para recordar es un anticipo, pero no la plenitud de tu sueño del tamaño de Dios, entonces aguanta. ¡La quinta dimensión está en camino!

UN ACTO MÁS DE OBEDIENCIA

"¡Puede que estés a un paso de obediencia de experimentar el cumplimiento de tus sueños!".
—C. Olmeda

¡Todavía no hemos llegado! Lo sé, habría sido un alivio pasar de la dimensión de obediencia a la dimensión de cumplimiento sin esperar un momento más. Sin embargo, aquí estamos, aún permaneciendo en la dimensión de obediencia. ¿Por qué? Porque esto es lo que se siente en tiempo real. Muy a menudo deseamos que esos momentos desafiantes de dolor y oscuridad terminen antes que después, porque nuestro tiempo atravesándolos parece una eternidad.

No puedo avanzar tan rápido en la narrativa de nuestro protagonista Abraham como para perder la intensidad de sus constantes desafíos. Me imagino que él también se sintió agotado mientras recorría la tierra de Moriah hacia una montaña que se le instruiría ascender.

A menudo tenemos una vista previa de los desafíos de alguien y tendemos a minimizarlos. He sido culpable de pensar que tal vez manejaría la situación de manera diferente si fuera yo quien la estuviera atravesando. Lo que no me di cuenta es que las personas tienen un historial de desafíos a los que no tenemos acceso. Se acumula y prepara el escenario para sus desafíos presentes. Por lo tanto, debemos tener cuidado de no juzgar a las personas basándonos en narrativas incompletas.

Podemos perdernos momentos en que las personas están al borde del colapso. La compasión debe guiar el trato con las personas porque es fácil malinterpretar la actitud o la distancia como mal comportamiento. Es muy probable que estén atravesando desafíos que les resulta difícil procesar. Es en esos momentos cuando las personas necesitan alentadores en su esquina para verlas pasar, no personas que condenen mientras se presentan en su lucha hacia la meta final.

Tú también debes proteger tu corazón eligiendo sabiamente a las personas con las que pasas tiempo durante tu tramo final. Es imperativo rodearte de la voz correcta. Rodéate de voces de aliento y sabiduría. No estoy hablando de aislarte de las personas que pueden proporcionar dirección y consejo sabio. Necesitamos a esas personas en nuestras vidas cuando estamos atravesando tiempos difíciles. Pero hay una diferencia entre aquellos que nos dicen lo que necesitamos escuchar con amor y respeto, y aquellos que hablan con juicio y condena.

No puedo imaginar que Abraham viera la llamada para embarcarse en un viaje para sacrificar a su hijo como un caso aislado. Hasta ahora, ha tenido que navegar por el viaje del fracaso después de tener un hijo con la "esclava" (Génesis 21:9). Como si eso no fuera lo suficientemente doloroso, tuvo que echar de la casa a ella y a Ismael, el hijo que tuvo con ella, para preservar su relación con su esposa Sara y su hijo Isaac. ¡Qué situación! Y ahora, cuando se ha acostumbrado a la vida con su hijo, se le pone a prueba para dar un paso más en un acto de obediencia. ¿Terminara esto alguna vez?

¿No es así nuestra vida mientras navegamos por la dimensión de la obediencia? Los desafíos que navegamos generalmente no se consideran incidentes aislados. En cambio, a menudo parecen ocurrencias longitudinales que siguen un patrón de una forma u otra. Y justo cuando pensamos que hemos superado un desafío, nos enfrentamos a un acto más de obediencia. Un ejemplo (entre muchos) se destaca para mí mientras recuerdo mi propio viaje.

UNA PRUEBA PERSONAL

Estaba navegando los altibajos del ministerio pastoral cuando era joven, en mis veintes, y con ello la necesidad de un edificio para el ministerio. La pequeña congregación que habíamos estado dirigiendo ya había superado una pequeña capilla en un espacio que compartíamos con otra congregación. Justo cuando mi esposa y yo comenzábamos a disfrutar de la belleza del crecimiento dentro del ministerio, se nos pidió que nos mudáramos del lugar del ministerio sin mucho aviso. El administrador que manejaba los asuntos de la congregación con la que compartíamos el espacio sugirió que habíamos superado el lugar y le preocupaba que causara demasiado desgaste en su propiedad.

Con muy poco tiempo para asegurar otro lugar, planeamos, oramos y preparamos varias estrategias para avanzar. El desafío con la mayoría de nuestras estrategias era que requerían una gran cantidad de fondos, fondos que no teníamos.

En el transcurso de una semana, estaba programado para asistir a una conferencia en una iglesia muy grande a seis horas de distancia en automóvil desde mi casa. En el segundo día de la conferencia sucedió algo inusual mientras me encontraba sentado entre la multitud como asistente general de la conferencia. El ministro principal subió a la plataforma para recaudar fondos para el ministerio. Para obtener la imagen completa de lo que sucedió, debo ser brutalmente honesto. Aproximadamente diez minutos después de su presentación para recaudar fondos, ya había oído lo suficiente. Los pensamientos que surgían en mi mente ciertamente no estaban alineados con los de un pastor que sabía lo que era recaudar fondos.

La muestra de generosidad que presencié era como algo que nunca había visto antes, pero lo que presencié y lo que pensé estaban en oposición directa entre sí. Mi escepticismo estaba en su punto más alto. La gente estaba donando miles y miles de dólares.

Un hombre en particular tomó el micrófono para compartir que había asistido a la conferencia del año anterior y había sido impulsado a donar cinco mil dólares, aunque también necesitaba fondos para expandir su ministerio. Cuando regresó a casa, para su sorpresa, los fondos que necesitaba se generaron de maneras que no esperaba. Como tal, estaba de vuelta para donar otros diez mil dólares.

En lugar de alegrarme por él, fui escéptico. Pensé cosas como: *¡He estado allí, he hecho eso; he visto esto demasiadas veces!* Había estado en entornos como este antes y me sentía algo insensible a estas historias, o tal vez, subconscientemente, estaba un poco desilusionado porque yo también estaba en una posición de necesitar fondos y aún no los había visto. ¿Qué me pasaba? ¿Por qué estaba pensando así? Un momento después, vi a una joven del coro donar el dinero que había ahorrado para su matrícula universitaria, y pensé: *¿En serio?* Tan pronto cuando juzgué sus acciones, alguien del balcón bajó y envió un mensaje al ministro, quien dijo que esa persona había sentido el impulso de pagar la matrícula de esa joven para el próximo semestre. Cuanto más escéptico me volvía, más todo esto se convertía en una locura de donaciones como nunca antes había visto. Cuanto más donaba la gente, más me sentía como un pagano rebelde.

Fue entonces cuando sentí un suave impulso: *¡Da todo lo que tienes!*

No voy a caer en esto, fue mi reacción inmediata. ¡Oh, la lucha! ¿Cómo podría estar sintiendo o pensando de esta manera cuando yo también había enseñado a otros a vivir una vida de generosidad? Sin embargo, en ese momento, sentí que esto era algún intento religioso de manipular y recaudar millones de dólares.

Cuanto más lo combatía, más se intensificaba el impulso dentro de mí: *¡Da todo lo que tienes!*

Bueno, pensé, *¡tengo una decisión que tomar!* Así que me dije a mí mismo: *¿Qué es lo peor que puede pasar?* Razoné mi próximo movimiento. Si lo daba todo solo porque estaba atrapado en el momento de todo el alboroto, entonces me quedaría sin algo más de 800 dólares (que era lo que tenía en mi bolsillo entre efectivo y un cheque que me habían dado) sin ninguna buena razón. Pero si era un impulso divino que me desafiaba a dar un paso de obediencia porque algo más grande estaba en el horizonte, entonces podría perderme algo mayor si me negaba a dar. El problema era que mi proceso de pensamiento realista y de sentido común, aunque crítico, estaba directamente en oposición a cualquier medida de fe que probablemente debería haber tenido.

No obstante, decidí no detenerme mas. No recuerdo bien la cantidad exacta. Como tal, con mucha vacilación (solo siendo honesto), firmé el cheque, tomé todo el dinero que tenía en el bolsillo, me levanté de mi asiento y fui a depositar el dinero en la canasta que el ujier sostenía cerca del frente de la iglesia.

¿Recuerdas lo que mencioné antes sobre la cuarta dimensión? Es, sin lugar a dudas, una de las dimensiones más difíciles de navegar. Es aquí donde normalmente no tienes nada más que tu sueño inicial o tu visión inicial. No es raro atravesar esta dimensión y sentir que no puedes sentir a Dios. No es raro buscar ánimo y sentir que no hay nadie disponible. Después de atravesar esta dimensión, permíteme sugerir que estas emociones inusuales, oscuras, sombrías, y a menudo dolorosas, son parte del proceso.

Eso es exactamente lo que sentí mientras caminaba por ese pasillo listo para dar un paso en lo que había decidido que era un acto de obediencia. Esperaba sentir al menos algunos escalofríos. Tal vez el ministro se detendría y me compartiría alguna revelación divina sobre cómo estaba haciendo lo correcto. ¡Nada! ¡Nada! ¡Silencio total! Solo mis pensamientos y yo navegando a través de un mar de emociones y, en última instancia, un acto de obediencia. Una cosa sabía con certeza: necesitábamos un espacio ministerial más grande y un edificio propio, y lo que tenía en mi bolsillo no era suficiente para comprarlo.

> **Regresé a casa ochocientos y algo dólares más pobre, pero con un acto de obediencia de mucha más riqueza.**

Mientras caminaba de regreso a mi asiento, luchaba con una mezcla de emociones que iban desde un suspiro de alivio porque había dado un paso y obedecido un impulso, hasta la incertidumbre de si había dado porque simplemente estaba perdido en el momento. Cuanto más luchaba, más sabía que había tomado la decisión correcta. Lo último con lo que quería lidiar era con el arrepentimiento. No quería dejar ese lugar sin haber tomado la decisión correcta o sintiendo que debería haberlo hecho. No quería irme preguntándome qué habría deparado el futuro si hubiera sido obediente.

Déjame dejar algo claro antes de compartir el resultado de este acto de obediencia. No creo que mi impulso tuviera nada que ver con el ministro, las necesidades o la falta de necesidades de ese ministerio, o si estaba de acuerdo o no con lo que sucedió en ese momento desde un punto de vista financiero. Muchos tienen puntos de vista definitivos sobre este tema, y estoy bien con eso. Como puedes ver, yo mismo luché con todo el proceso. Esto es lo que sé: todo el proceso tenía que ver con mi corazón, mi capacidad para ser sensible a un impulso alineado con una visión del tamaño de Dios, y una prueba de mi fe más que cualquier otra cosa.

Conoces el resultado para Abraham e Isaac. Dios nunca quiso quitarle a Abraham a su hijo. El proceso de Abraham fue una prueba de su fe. ¿Iba a aferrarse a un solo hijo o iba a creer en la visión del tamaño de Dios que se le había prometido?

Regresé a casa ochocientos y algo dólares más pobre, pero con un acto de obediencia de mucha más riqueza. Digo eso con confianza porque mi viaje de regreso a casa solidificó lo que no pude encontrar en la conferencia: paz. Mientras conducía de regreso a casa con uno de los miembros de mi equipo, comencé a llorar. Estaba en medio de la autopista y una fuerte presencia me abrumó. Lo que pensé que debería haber sentido en la conferencia, ahora lo estaba sintiendo en la privacidad de un vehículo. Sabía que estaba sintiendo a Dios de una manera especial. Sabía en ese momento que mi paso de obediencia tenía un gran significado. Como mínimo —si el futuro no me deparaba nada más— me sentí muy bien por haber prestado atención a la sugerencia y porque el dinero (o la falta de él) no me disuadió.

Esto es lo que no encuentro casual. Dos semanas después de mi regreso recibí una llamada de mi esposa diciéndome que ella y una de nuestras líderes habían localizado un edificio que pensaban que sería excelente para nuestro ministerio. Tenía aproximadamente treinta y siete mil pies cuadrados, en comparación con la capilla de dos mil pies cuadrados que habíamos estado alquilando. Estaba en una ubicación privilegiada y se vendía por aproximadamente 800,000 dólares. ¡El tamaño y la ubicación eran maravillosos! ¡El dinero era otro asunto!

En una jornada de los acontecimientos que aún me asombra hoy, a pesar de las reservas que el representante de bienes raíces y su asesor expresaron al propietario del edificio, pudimos asegurar la propiedad en régimen de alquiler durante un año con la promesa de comprar el edificio dentro de ese año.

A medida que el año avanzaba, el dueño del edificio, un anciano Judío, le pidió a mi esposa y a mí que nos reuniéramos con él en su casa para tomar té. No era cristiano y no tenía ningún interés particular en lo que estábamos haciendo, aparte de su deseo de vender su propiedad. Mientras nos sentábamos uno frente al otro, como un padre mirando a un hijo, me miró y dijo: "Joven, mi representante me aconsejó que no firmara un contrato de alquiler por un año (con la opción de compra) contigo y tu congregación; pero debo decirte . . . ". Sus ojos y su voz exudaban una cierta severidad que espesaba el ambiente. En ese momento, no estaba seguro si tenía buenas o malas noticias para mí.

> **Ya fuera una coincidencia o no, en ese momento hice la conexión entre mi acto de obediencia y ese momento providencial.**

"A pesar del consejo de mi representante", continuó, "quiero seguir adelante con la venta del edificio para ti". Mi esposa y yo nos miramos con un suspiro de alivio. "No te conozco muy bien, pero sí sé esto. ¡Tienes tenacidad! Creo en ti", compartió con una voz tierna y paternal. "Así que hay una cosa más", continuó, "te venderé la propiedad al precio de lista, pero quiero devolverte doscientos mil dólares para que comiences los arreglos necesarios para tu visión".

Mientras estaba allí, estupefacto y con el corazón palpitando, inmediatamente pensé: *¡Qué son 800 y algo dólares comparados con*

200,000! Ya fuera una coincidencia o no, en ese momento hice la conexión entre mi acto de obediencia y ese momento providencial.

Como Abraham, que levantó los ojos y vio un carnero atrapado en un matorral después de que el ángel lo detuvo de sacrificar a su hijo, sentí que estaba mirando mi carnero, el reemplazo del sacrificio inicial. Tal vez el carnero había estado allí todo el tiempo, pero la atención de Abraham no se dirigió hacia él hasta que dio un paso más de obediencia. Quizá el propietario tenía la intención de hacer lo que hizo desde el principio. Sin embargo, no vi la bendición hasta que obedecí el impulso de un acto más de obediencia.

Desde entonces he sido probado con miles de dólares en diferentes puntos de mi vida. Cada vez que llega el impulso, recurro a un conocimiento en lugar de un sentimiento. Es decir, no dependo de un sentimiento o una emoción para discernir o validar otro acto de obediencia. En cambio, recurro a la visión del tamaño de Dios dentro de mí y me muevo en fe. Una y otra vez, el resultado nunca decepciona.

> **La visión del tamaño de Dios siempre es mayor que el nivel de sacrificio al que somos impulsados.**

¿Qué acto final de obediencia te está impulsando Dios a hacer? ¿Qué cosas has estado tentado a aferrarte, a acumular, por miedo a lo que puedas perder? Tal vez no sea financiero. Para algunos, es el perdón. Para otros es el tiempo o un talento que pueden contribuir. Nuestro llamado a la obediencia generalmente abarca una de tres áreas: nuestro tiempo, nuestros talentos y nuestros tesoros.

A medida que navegas por esta dimensión con todas sus incertidumbres y preguntas, permíteme asegurarte una vez más. ¡Esta dimensión no dura para siempre! Sin embargo, si estás esperando un sentimiento, una emoción o una voz que confirme un impulso para actuar en obediencia, podrías esperar mucho tiempo. He descubierto que esta dimensión no se basa en emociones, sino en saber por fe que la visión del tamaño de Dios siempre es mayor que el nivel de sacrificio al que somos impulsados.

No puedo terminar este capítulo sin una advertencia. Estos pasos de obediencia deben contextualizarse en una narrativa moderna del Nuevo Testamento. Hasta ahora, mi ejemplo de Abraham es una contextualización del Antiguo Testamento (texto hebreo) que no puede replicarse dentro de su contexto de sacrificio humano o algo por el estilo. Nunca se te pedirá que sacrifiques algo que sea perjudicial para tu bienestar o dañino para otra persona. Aunque no estaba en una posición de donar libremente 800 dólares, hacerlo no perjudicó a nadie. Como mencioné, he descubierto que los sacrificios a los que a menudo somos llamados tienen que ver con tiempo, talentos o tesoros (nuestras finanzas). Entonces, a medida que progresas, anhelando salir de la dimensión de obediencia, no te alarmes si eres impulsado a un acto más de obediencia.

Entonces cuando llegues a ese lugar en esta dimensión—cuando te enfrentes a la parte más difícil hasta ahora—sepas que es un gran indicador de que simplemente estás en esa fase final de la dimensión de obediencia.

Si es así, no temas; la próxima dimensión es la dimensión de cumplimiento, y una vez que llegues, la dimensión de obediencia parecerá insignificante en comparación con vivir en la plenitud de tu visión del tamaño de Dios.

QUINTA DIMENSIÓN
CUMPLIMIENTO O PLENITUD

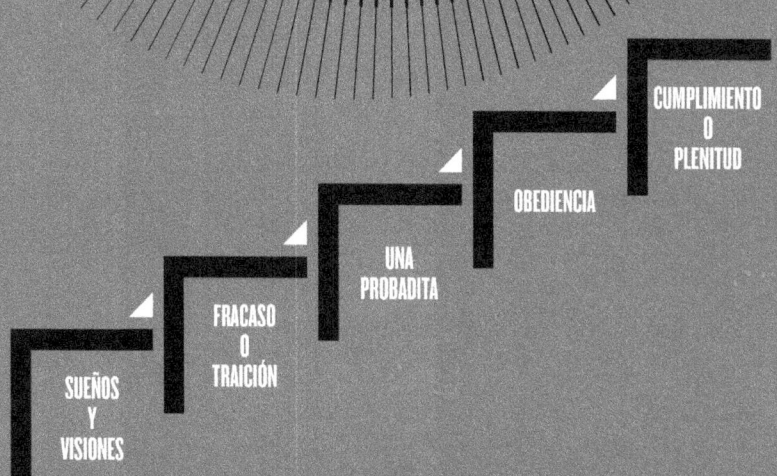

VALIÓ LA PENA EL PROCESO

"Confía en el proceso; el resultado valdrá la pena".
—C. Olmeda

¡Date prisa! ¡Levántate! ¡Es hora de afeitarte y cambiarte de ropa! Me pregunto qué pasó por la mente de nuestro protagonista José cuando escuchó palabras similares. ¡Me hubiera encantado estar allí para ver la expresión en su rostro! Imagino que en lugar de alivio, podría haber tenido una expresión de confusión. Me pregunto si dijo: "¡Espera! ¿Qué? ¿A dónde voy? ¿Qué hice?". Imagino que considerando sus encuentros con la traición, podría haber pensado, *¡No otra vez! ¿Qué hice ahora?*

Habían pasado dos años desde que había interpretado los sueños del jefe de los coperos y el jefe de los panaderos del rey, cuyas aparentes ofensas los habían llevado a la cárcel a pesar de sus posiciones ante el rey. José sabía con certeza una cosa: ¡No te metas con el rey! Tal como José había predicho a través de la interpretación de sus sueños, el jefe de los panaderos fue colgado, y el jefe de los coperos fue restituido en su cargo. Después de dos años el copero se convirtió en el boleto para que el rey convocara a José desde la cárcel.

Mientras leía la historia de José y sentía emoción por su inminente liberación de la prisión, estuve tentado a exclamar: "¡Finalmente, ha alcanzado el cumplimiento de su sueño!". Sin embargo, ese no fue el caso, aunque lo acercó un paso más. Además, no había llegado tan lejos por casualidad. ¡No! Fue el resultado de una inversión que había hecho en la vida del jefe de los coperos mientras estaba en prisión. Desafortunadamente, en el momento en que el copero se libró y fue liberado, se olvidó de José. José se quedó en la cárcel otros dos años, preguntándose cómo el copero podía haberse olvidado de él.

¿No es eso como muchos de nuestros caminos? Cuando pensamos que estamos a punto de tener un respiro, se nos escapa, y el cumplimiento de esos sueños del tamaño de Dios parece escapar nuestro alcance. ¡No te preocupes! ¡No te angusties! El tiempo para el cumplimiento de tus sueños del tamaño de Dios es perfecto. Como mencioné en el capítulo 9, Dios está conectando los puntos y, poco a poco, el panorama completo se está volviendo claro.

Es aquí donde el panorama completo de cada dimensión que se une comienza a tener sentido. Independientemente de cada una, cada dimensión se convierte en un tiempo de celebración o un tiempo de desesperación. Pero colectivamente, se convierten en una imagen que muestra una vida con propósito, con toda su gloria, éxitos, caídas, desafíos y dolor. Todas se unen para revelar un propósito mayor.

Habían pasado trece años para José entre su sueño inicial de que su familia algún día se inclinaría ante él y su liberación de la prisión. El sueño inicial es lo que catapultó el proceso. Su prisa por revelar el sueño lo lanzó a la dimensión de la traición. Por providencia divina, lo que podría haberlo aplastado lo promovió. Posteriormente, cuando se había aclimatado a un gusto del éxito, ¡BOOM! Una falsa acusación lo lleva a prisión. Ahora, una vez más, ha comenzado la escalada hacia la cima del paseo en montaña rusa de la vida, una vista que ya había probado en la casa de Faraón.

¡Cada dimensión ha agregado valor a su vida! Su éxito está a punto de ser revelado en una dimensión mayor, no porque haya tenido éxito a los treinta años cuando el rey lo convocó. ¡No! En cambio, su éxito se ha vuelto claro porque ha pagado el precio durante trece años.

¿No sería lamentable pasar por la vida pataleando y gritando en cada dimensión desafiante y nunca aprender las lecciones que esas dimensiones podrían haberte enseñado? O peor aún, ¿no sería lamentable navegar por los momentos más difíciles de la vida y perderte el crecimiento, la madurez y las oportunidades que estaban ocultas dentro de las dimensiones difíciles? Sin embargo, porque las viste como injustas, te quedaste al margen de la vida, esperando que sucediera algo mejor en lugar de vivir de una mejor manera.

Imagina si ese hubiera sido el enfoque de José. "No me molestes con tus sueños", podría haberle dicho con desdén al copero y al panadero mientras estaba en prisión. "¡Yo también tuve un par de sueños y mira a dónde me llevaron!". Si ese hubiera sido su enfoque, hubiera borrado los puntos metafóricos que conectaban la historia y el propósito más grande de su vida, pensando que no eran parte de la imagen mayor. Hubiera saboteado un futuro que se estaba cumpliendo con cada pequeño esfuerzo que ponía, ¡solo que aún no podía verlo!

¿Qué te estoy diciendo? Te estoy diciendo que cada dimensión no funciona independientemente de las demás. Nuestras vidas han sido una progresión de dimensiones que, poco a poco, nos preparan para el cumplimiento de sueños del tamaño de Dios.

Después de que José fue convocado al palacio de Faraón, pasarían otros siete años antes de que José presenciara el cumplimiento de sus sueños. Sin embargo, en el proceso experimentó un éxito sin precedentes. Esto me dice que perseguir un sueño no era su prioridad. Incluso si lo hubiera intentado, no podría; no era omnisciente. No podía ver ni predecir el futuro para conectar todos los puntos y materializar sus sueños del tamaño de Dios por sí solo. En cambio, su *modus operandi* era simplemente ser la mejor versión de sí mismo en cada paso del camino. Su mejor abilidad era su capacidad para aprovechar una oportunidad a la vez.

Cuando es liberado de la prisión, es testigo de la suma de todas las acciones que ha tomado. Su comportamiento en el palacio inicial mientras era esclavo ahora lo ha preparado para su nueva oportunidad. Su comportamiento desinteresado al interpretar los sueños de otras personas, mientras nadie estaba allí para interpretar el suyo, es ahora el boleto que le da acceso al palacio del rey.

Cada dimensión ha sido una escuela llena de principios. Cada dimensión lo ha impulsado más cerca del cumplimiento de sus sueños del tamaño de Dios. Creo inequívocamente que aquí radica la diferencia entre los sueños egocéntricos y los sueños del tamaño de Dios.

Las personas que persiguen sueños personales sin valor de largo plazo o eterno y con muy poco impacto para las generaciones futuras buscan el cumplimiento para sí misma. Permíteme ser claro. No hay nada de malo en perseguir un sueño personal. Pero, en última instancia, deberías preguntarte: *¿Cuál es el objetivo final? ¿Por qué estoy persiguiendo este sueño? ¿Tiene valor eterno? ¿A quién impacta?*

Las personas con sueños del tamaño de Dios buscan convertirse en la mejor versión de sí mismas. Incluso cuando no saben lo que trae el futuro, o cuando sus planes no resultan como lo habían anticipado, avanzan con tenacidad y resiliencia. No se son limitados por la ira o el resentimiento, y ciertamente anhelan seguir sin dañar a las personas en el camino. Entienden que su sueño del tamaño de Dios, su visión del tamaño de Dios, trasciende la ambición personal.

¡La preparación precede a la promoción!

Antes de profundizar más en el cumplimiento de un sueño del tamaño de Dios y la plenitud de una visión del tamaño de Dios, consideremos varios principios que han surgido a lo largo de las dimensiones que conducen a la quinta dimensión. Estoy convencido de que sin estos principios, en el mejor de los casos la quinta dimensión se retrasaría, o en el peor, se evitaría por completo.

- **El Principio de Adaptabilidad**—La vida nunca saldrá como se planea. Debido a que nuestras vidas están compuestas por nuestras acciones y el impacto social y cultural de nuestro entorno, surgirán circunstancias que escapan nuestro control. La pregunta es ¿puedes adaptarte? No necesitas ceder a ciertos entornos o condiciones para adaptarte.

José pudo prosperar al implementar el principio de adaptabilidad. Mantuvo su singularidad, su carácter y su integridad, mientras se adaptaba a entornos que no necesariamente estaban alineados con sus principios. Era un joven temeroso de Dios, adaptándose a entornos contrarios a sus creencias.

- **El Principio de Fidelidad**—Es fácil ser fiel cuando las cosas van bien, pero ¿puedes permanecer fiel en medio de la oposición? La fidelidad y lealtad de José le otorgaron un lugar entre los grandes. Las personas fieles son confiables, seguras y dignas de confianza. Se podía confiar en él por sus habilidades y depender de él para ir más allá de su deber y demostrar preocupación por el bien común. José fue fiel a su Dios y fiel a las personas.

- **El Principio de Mayordomía**—Una vez escuché a alguien hacer un comentario sobre un vehículo que había prestado a un amigo. La persona le dijo al prestatario: "¿Lo vas a manejar como un coche de alquiler?". Con esto, quiso decir descuidadamente "como un coche de alquiler que no le pertenecía". Ese no era el caso con José. José manejaba los asuntos de otras personas con excelencia. Se le confió un palacio debido al principio de mayordomía. Se le confió una prisión y sus prisioneros debido al principio de mayordomía. En última instancia, se le confió un reino entero debido al principio de mayordomía. Estoy convencido de que debido a que manejaba la propiedad de otras personas con cuidado, se le otorgó una gran cantidad de propiedades que podía considerar suyas.

- **El Principio de Conectividad**—No puedo decirte cuántas personas que he aconsejado, mentoreado y corregido, han saboteado relaciones por ira, resentimiento y comportamiento vengativo. Hoy en día les resulta difícil mirar a los ojos a aquellos a quienes hirieron directamente. Algunas personas no pueden visitar ciertos negocios, no pueden solicitar ciertos trabajos o no pueden asistir a ciertos eventos debido al daño que causaron. Imagina que estás a punto de conseguir el mejor trato de tu vida o el trabajo que siempre has soñado, y la última persona a la que llaman para que dé una referencia de ti, es alguien que no puede decir una cosa positiva sobre tu persona debido a cómo lo trataste.

Las personas que siguen el principio de conectividad no queman puentes porque nunca saben cuándo los necesitarán para cruzarlos. A pesar de lo que José sostuvo, no saboteó relaciones. De alguna manera entendió que la vindicación no le pertenecía. Sé la mejor persona. Honra las relaciones. Perdona las ofensas. "Amen a sus enemigos y oren por quienes los persiguen" (Mateo 5:44, NVI).

- **El Principio de la Preparación**—¡La preparación precede a la promoción! No esperes hasta que se presente una oportunidad para comenzar a prepararte; puede ser demasiado tarde. Ya sea de manera intencional o no, José se preparó durante trece años antes de recibir la oportunidad de administrar los recursos que luego sustentarían a un país. Luego se preparó durante otros siete años durante los cuales implementó todo tipo de sabiduría y estrategias que servirían para proporcionar los recursos necesarios para un país y su familia (sí, incluso aquellos que lo traicionaron) durante la severa hambruna.

Créame, no estoy exento de estos principios. Hoy en día, estoy caminando a través de las puertas de oportunidad para las cuales me he estado preparando durante veinte años. Si te pierdes algo en tu camino hacia el cumplimiento, asegúrate de que sea porque la oportunidad no se presentó, no porque no estabas preparado.

CUMPLIMIENTO

Permíteme recordarte, que a medida que comenzamos a entender cómo se ve el cumplimiento y la plenitud, y sus implicaciones para el futuro, los sueños no se cumplen por casualidad. ¡Los sueños exigen! La perseverancia nos sostiene durante las tormentas. Cuando surgen obstáculos, debemos recordar en primer lugar por qué y cómo emprendimos este viaje hacia los sueños del tamaño de Dios. El cumplimiento no se trata de navegar en calma; se trata de enfrentar tormentas y contratiempos con un compromiso inquebrantable. Cada contratiempo se convierte en una lección. Cada fracaso se convierte en un peldaño hacia el triunfo. Cada traición se convierte en una plataforma para el perdón.

A medida que comienzas a vislumbrar el cumplimiento, debes saber que es el logro de algo deseado, prometido o predicho. Sin embargo, también debes darte cuenta de que el cumplimiento en sí mismo no es el final, el fin de un sueño o el fin de la vida. Hay más (hablaremos más de esto en otro capítulo).

El cumplimiento de los sueños del tamaño de Dios va más allá del éxito personal; se trata de marcar una diferencia. Los que cumplen los sueños del tamaño de Dios usan su influencia para contribuir al bien mayor. Ya sea administrando recursos, construyendo escuelas, plantando iglesias u organizaciones basadas en la fe, abogando por el cambio social o mentoreando a otros, reconocen que los sueños cumplidos son puentes de impacto. El cumplimiento no es el final; es un capítulo en una historia en constante evolución.

MÁS GRANDE QUE TU SUEÑO

"¡El cumplimiento de Dios siempre supera nuestras expectativas!".
—C. Olmeda

Al salir de la cuarta dimensión y entrar en la quinta dimensión de cumplimiento—de plenitud—debemos preguntarnos si lo que estamos celebrando es una ambición personal o el cumplimiento de un sueño del tamaño de Dios.

Los sueños a menudo se ven como aspiraciones, metas o visiones de lo que uno espera lograr o en lo que espera convertirse. A nivel personal, estos sueños generalmente se moldean por deseos individuales, experiencias y limitaciones percibidas. Reflejan nuestra comprensión de nosotros mismos y del mundo que nos rodea, basados en nuestra perspectiva y capacidades humanas.

Por el contrario, los sueños del tamaño de Dios trascienden estos límites personales. Están inspirados y moldeados por un propósito superior. Están inspirados por una guía divina, un destino o un llamado. Estos sueños desafían nuestra comprensión limitada y estiran nuestra fe y coraje más allá de lo que podemos comprender o lograr por nuestra cuenta.

Esto no significa que la guía divina no funcione a menudo en conjunto con la pasión personal; lo hace. Muy a menudo, un sueño del tamaño de Dios puede evolucionar a partir de algo por lo que sientes pasión, como ayudar a los menos afortunados, enseñar, promover el cambio social, mentorear u otros intereses que te llevan a niveles más altos de compromiso.

SUPERANDO EXPECTATIVAS

Eso fue ciertamente lo que ocurrió con lo que pensé que era un sueño personal. Recibí una llamada del alcalde de nuestra ciudad preguntando si asistiría a una reunión con un grupo de clérigos y líderes de otras organizaciones sin fines de lucro. Acepté asistir, aunque no tenía claro el objetivo de la reunión.

Resulta que el alcalde tenía un sueño de ver algún tipo de programa de alcance juvenil con un componente basado en la fe desarrollado en la ciudad. Pensaba que si alguien iba a impulsar un cambio sostenible dentro de la ciudad, iba a ser la iglesia en general.

Poco después de que él hablara, me senté en silencio, pensando en cómo podría contribuir a su visión. Mientras pensaba en qué hacer, recordé rápidamente que había desarrollado una estrategia para alcanzar a los jóvenes de nuestra ciudad a través de un programa de mentoreo. Sin embargo, ese plan había estado en espera durante muchos años y lo había dejado en un segundo plano debido a todo lo demás en lo que estábamos ocupados.

Inmediatamente sentí un impulso interno que me empujaba, y en esa voz interna sutil que la mayoría de nosotros reconocemos, decía: ¡*Entrégalo*!

Pensé: *¿Entregarlo? Lo haremos tan pronto como las cosas se calmen un poco,* respondí internamente.

Sin embargo, el impulso continuó: *¡Entrégalo!*

Sin saber cómo responderían los demás asistentes a mi sugerencia, esperé hasta el día siguiente para llamar al alcalde y decirle lo que sentía. Le mencioné el modelo de mentoreo que habíamos diseñado y que estaría más que feliz de compartirlo con él. Luego me ofrecí a ayudar en todo lo que pudiera, o a unirme con otros líderes para asegurarme de que su visión se hiciera realidad.

Dentro de las veinticuatro horas de compartir mi visión con el alcalde, me llamó y me preguntó si tenía una organización sin fines de lucro no relacionada con ninguna organización religiosa, lo que se conoce como una organización sin fines de lucro. Coincidentemente acabábamos de finalizar el proceso de implementar una organización de desarrollo comunitario sin fines de lucro para llegar a la comunidad a través de varios programas de alcance.

> **Cuando sales de tu camino para hacer realidad los sueños de otras personas, Dios pondrá personas en tu camino para hacer realidad tus sueños.**

Lo que dijo a continuación me tomó por sorpresa. "¡Maravilloso!", dijo con emoción, "¿qué tal si te devuelvo tu modelo junto con $55 000 para comenzar el programa?". Me quedé sin palabras.

Inmediatamente me recordó a José y cómo su capacidad desinteresada para interpretar el sueño de otra persona regresó en círculo completo para proporcionarle la puerta abierta que necesitaba para salir de la prisión y entrar en el palacio.

Procedí a conectarme con varios otros líderes que habían asistido a la reunión del alcalde para ir más allá de mi propia esfera de influencia. Conocía bien a algunos de ellos, mientras que a otros solo los conocía de nombre o los estaba conociendo por primera vez. Para mi sorpresa, solo dos de los dieciocho o diecinueve líderes aceptaron unirse.

Aquí hay un principio que he visto funcionar una y otra vez. Cuando sales de tu camino para hacer realidad los sueños de otras personas, Dios pondrá personas en tu camino para hacer realidad tus sueños. Aquí radica la distinción entre sueños personales y sueños del tamaño de Dios.

Este capítulo, sin embargo, no trata simplemente sobre el cumplimiento de los sueños. Trata de cómo el cumplimiento de los sueños del tamaño de Dios siempre superará nuestras expectativas. Sin duda, un cheque por cincuenta y cinco mil dólares superó nuestras expectativas. Sin embargo, eso fue solo el comienzo. Lo que presenciaríamos como organización ciertamente superó nuestras expectativas.

Lo que comenzó como un modelo de mentoreo diseñado para alcanzar a los jóvenes de nuestra ciudad, evolucionó hacia una organización de mentoreo con un componente de baloncesto, con nuestra metodología reflejada en el lema "No Workshop, No Jump Shot!", lo que podría traducirse como "¡Sin taller, no hay tiro de salto!". Para que los estudiantes jugaran baloncesto, tendrían que asistir a talleres que cubrían una amplia gama de temas: resolución de conflictos, construcción de relaciones, desarrollo de liderazgo y aprendizaje de carreras, entre otros.

El programa comenzó muy bien, pero no sin varios desafíos. Primero vino una serie de artículos negativos de periodistas locales. Sentían que un programa de la ciudad que se realizara un viernes por la noche no prosperaría sin problemas y preocupaciones asociados con delitos menores hasta problemas de seguridad y otros retos. Dependiendo del área de la ciudad, estas eran preocupaciones válidas. Sabíamos que esto podría plantear problemas de transporte para los estudiantes, porque el componente deportivo involucraba a estudiantes en múltiples ubicaciones hasta la medianoche. Sin embargo, también sabíamos que esto se convertiría en una alternativa a las reuniones nocturnas. A pesar de la publicidad negativa, pudimos superar los desafíos y presenciar una temporada exitosa.

El alcalde estaba encantado de que el programa hubiera comenzado con éxito. Tanto es así que aproximadamente seis meses después de que se lanzara el programa, me invitó a una conferencia de prensa que tendría al día siguiente de su llamada. Dada la invitación de última hora, asumí que estaba buscando representación de líderes locales para apoyar su agenda durante la conferencia de prensa. Sorprendentemente, antes de que las cámaras comenzaran a grabar y él se dispusiera a hablar, se inclinó y susurró: "Prepárate, voy a pedirte que compartas algunos aspectos destacados del programa de mentoreo".

¡Vaya! *¡Sin presión,* pensé!

Gracias a Dios aprendí temprano como líder que siempre debes estar listo con tres puntos y una historia. Procedí a compartir tres puntos pertinentes al marco del programa y una historia de éxito.

> **El cumplimiento de los sueños del tamaño de Dios siempre superará nuestras expectativas o, mejor aún, cumplirá algo que ni siquiera sabíamos que queríamos cumplir.**

Para mi sorpresa, compartir algunos aspectos destacados del programa no era la razón por la que me había invitado a la conferencia de prensa. En cambio, quería compartir que la ciudad había asignado $200 000 adicionales para iniciativas de mentoreo y, considerando nuestro éxito, éramos un gran candidato para los fondos. En unos pocos meses, teníamos otros dos años de financiamiento.

De nuevo, el cumplimiento de los sueños del tamaño de Dios siempre superará nuestras expectativas o, mejor aún, cumplirá algo que ni siquiera sabíamos que queríamos cumplir. Continuamos mentoreando a estudiantes de la ciudad año tras año. El programa se expandió de un sitio a cinco sitios de mentoreo, cubriendo tres ciudades y viendo a más de dos mil estudiantes pasar por el programa. Mi sueño de mentorear a estudiantes a través de una entidad de iglesia local fue superado con crecimiento, abarcando un alcance a nivel de ciudad que conectaría a la policía, distritos escolares locales, colegios y universidades, y empresas locales para alcanzar una generación emergente de jóvenes.

Creo que es apropiado expresar un agradecimiento increíble a un colega y amigo, el Rev. Michael Comick. El Rev. Comick creyó en la visión, se mantuvo a mi lado, y doce años después, de los dos que se unieron a mí al principio, sigue siendo el único socio fundador que aún cree que a pesar del éxito que ya hemos visto, nuestros mejores días aún están por delante.

A medida que continuamos profundizando en la dimensión de cumplimiento, recuerda que cumplir los sueños del tamaño de Dios es un viaje que trasciende la mera ambición y toca el ámbito del propósito y la orquestación divina. Nos invita a considerar la vastedad de nuestro potencial cuando nos alineamos con un llamado superior. Cuando aceptamos la invitación que nos catapulta más allá de nuestras limitaciones percibidas, también aceptamos el desafío de pensar más allá de nosotros mismos y nuestras circunstancias inmediatas. Este nuevo nivel de pensamiento a menudo requiere un salto de fe, una disposición a adentrarse en lo desconocido y una confianza en algo más grande que nuestras propias habilidades.

Como Abraham, quien tuvo que salir de su zona de confort e imaginar algo mucho más grande de lo que jamás había imaginado, tú también puedes posicionarte para imaginar un sueño que supere tus limitaciones percibidas. Cuando lo hagas, permíteme recordarte que el cumplimiento de un sueño del tamaño de Dios superará tus expectativas, de ahí la segunda dimensión de fracaso y traición, y la cuarta dimensión de obediencia. Se convierten en campos de entrenamiento, un lugar de aislamiento, preguntas e incertidumbre. No son interrupciones. Son parte del proceso. Sin embargo, a través de todo ello, recibirás la capacidad para manejar el cumplimiento.

LA DIFERENCIA

Independientemente de la dimensión en la que te encuentres hoy, aquí hay algunas diferencias clave entre los sueños personales y los sueños del tamaño de Dios que superan tus limitaciones personales:

- **Expansión de la visión**—Los sueños personales tienden a centrarse en el logro o la satisfacción individual. Los sueños del tamaño de Dios expanden nuestra visión para incluir a otros, impactando positivamente a comunidades, naciones o incluso al mundo.
- **Crecimiento transformacional**—Perseguir los sueños del tamaño de Dios nos desafía a crecer espiritual, emocional y mentalmente. Nos empuja a enfrentar nuestros miedos e inseguridades y a desarrollar cualidades como la resiliencia, la perseverancia y la compasión.
- **Alineación divina**—A diferencia de los sueños personales que dependen únicamente de nuestros esfuerzos, los sueños del tamaño de Dios a menudo van acompañados de una alineación divina. Estas son circunstancias y oportunidades que se desarrollan de manera inesperada para traer el cumplimiento del sueño.
- **Significado externo**—Mientras que los sueños personales pueden proporcionar una satisfacción temporal de reconocimiento, los sueños del tamaño de Dios tienen el potencial de tener un significado eterno. Contribuyen a una narrativa mayor de propósito y significado que se extiende más allá de nuestra vida.

FE Y CONFIANZA

No puedes esperar experimentar el cumplimiento de un sueño de manera que supere tus expectativas sin fe. En el corazón de perseguir sueños del tamaño de Dios está la fe: fe en Dios, fe en uno mismo y fe en el camino que tenemos por delante. Requiere confiar en que hay un plan mayor desarrollándose, incluso cuando el camino parece incierto o desafiante.

Abraham es un excelente ejemplo de alguien que entendió este proceso muy bien. Fue llamado a dejar su tierra natal e ir a un lugar que no conocía, con la promesa de que se convertiría en el padre de muchas naciones. A pesar de su avanzada edad y la aparente imposibilidad de la promesa, él creyó.

Recuerda a Nehemías en el capítulo 3 de este libro. Mientras disfrutaba de todos los beneficios de un palacio, escuchó en una conversación con su compatriota que el muro de la ciudad había sido derribado y sus puertas quemadas por el fuego. La condición de la ciudad agitó algo dentro de él que superaba sus limitaciones personales. Sin embargo, ¡creyó! ¡Tuvo fe! ¡Tuvo fe en Dios! ¡Tuvo fe en sí mismo! ¡Tuvo fe en el camino! Como tal, cada puerta proverbial que necesitaba ser abierta, fue abierta. Cada persona con la que necesitaba ganarse el favor, le concedió favor. Los recursos que necesitaba, los recibió. ¿Estrategias? ¡Hechas! ¿Mano de obra? ¡Hecha! El cumplimiento del sueño del tamaño de Dios que agitaba dentro de él superó sus expectativas. Como resultado, los muros fueron reparados en un tiempo récord de cincuenta y dos días.

El cumplimiento de los sueños del tamaño de Dios, de las visiones del tamaño de Dios, siempre superará nuestra mentalidad limitada porque nos invita a lo extraordinario. Nos desafían a ver más allá de nosotros mismos y de nuestras circunstancias y confiar en una guía que trasciende nuestra comprensión.

Si bien los sueños personales son importantes y válidos, los sueños del tamaño de Dios nos obligan a pensar en grande, amar más profundamente e impactar más grandemente. Nos recuerdan que nuestro potencial no está definido por nuestras limitaciones, sino por nuestra disposición a confiar y seguir a donde somos llamados.

Recuerda la publicidad negativa que varios periodistas locales intentaron difundir sobre el programa de mentoreo. Bueno, no entendieron que los sueños del tamaño de Dios normalmente no se ajustan a la norma. Su cumplimiento tiende a superar las expectativas. Yo lo presencié de primera mano.

Solo un año antes de componer este manuscrito, recibí una noticia impactante, pero emocionante relacionada con el programa de mentoreo. En una reunión con alrededor de una docena de jefes de policía de nuestras ciudades y municipios circundantes, así como con algunos otros líderes comunitarios, el jefe de policía de nuestra ciudad compartió algunas estadísticas sorprendentes que no había escuchado antes. Durante las horas y meses específicos en los que ejecutábamos el programa, los delitos menores juveniles y los problemas generales relacionados con los jóvenes habían disminuido significativamente en las comunidades donde habíamos establecido el programa, un logro que él atribuyó directamente al programa.

Parece que los medios estaban equivocados después de todo. Cuando te atreves a soñar sueños del tamaño de Dios, debes cerrar tus oídos a los detractores y a aquellos que intentarán sabotear tu progreso. Nehemías conocía esto muy bien. A pesar de muchos intentos de distraerlo de su asignación, cerró sus oídos a sus burladores y se mantuvo enfocado en el sueño.

Entonces, ¿estás listo? ¿Estás listo para experimentar el cumplimiento? ¿Estás listo para experimentar la plenitud? Tal vez no. Tal vez esto es nuevo para ti, y simplemente has sido encendido y estimulado para soñar sueños del tamaño de Dios. Si es así, ¡levántate!

Sal de tu zona de conformismo y sueña. Atrévete a soñar sueños del tamaño de Dios. Cuando esas dimensiones de dificultad aparezcan, también pasarán. Mantente enfocado porque el cumplimiento de los sueños del tamaño de Dios superará tus expectativas.

¿DE QUIÉN ES EL SUEÑO, DE TODOS MODOS?

"¡Los sueños del tamaño de Dios están destinados a impactar generaciones!".
—C. Olmeda

El verdadero poder de los sueños del tamaño de Dios no radica en su capacidad para elevarnos e inspirarnos individualmente, sino en su capacidad para crear efectos que alcanzan mucho más allá de nuestras propias aspiraciones. Cuando nuestros sueños son limitados, enfocados únicamente en nuestra felicidad, en nuestro avance o reconocimiento personal, corren el riesgo de volverse estrechos y desconectados de una experiencia humana más impactante.

Además, los sueños que carecen de un impacto trascendental a menudo no logran resonar con otros en un nivel significativo.

Pueden inspirar envidia o admiración, pero hacen muy poco para fomentar una conexión genuina. Por el contrario, los sueños del tamaño de Dios que buscan hacer una diferencia más allá de la ambición egoísta tienden a encender movimientos y generar un cambio duradero.

Sabemos ahora, que a través del modelo de la quinta dimensión, los sueños del tamaño de Dios —visiones de tamaño de Dios— que trascienden el yo, a menudo requieren valentía, resiliencia y una disposición a desafiar el statu quo. Pueden implicar asumir riesgos, enfrentar obstáculos y superar adversidades en la búsqueda de un propósito mayor.

A primera vista, los sueños del tamaño de Dios pueden parecer grandiosos hasta el punto en que retratan ambición personal o incluso arrogancia. ¿No fue ese el caso de José? Al celebrar su salida de la prisión y su nueva posición en un palacio, podemos deducir fácilmente que acceder a una oportunidad tan magnífica, con todo su poder y esplendor, fue en verdad el cumplimiento de un sueño. ¿No lo fue?

¿Entonces, cuáles eran los sueños de José, entonces? En un sueño, José y sus hermanos ataban gavillas cuando de repente su gavilla se levantó y permaneció erguida, mientras las gavillas de sus hermanos se reunieron alrededor de su gavilla y se inclinaron ante ella. En su segundo sueño, vio a sus once hermanos como estrellas y a su padre y madre como el sol y la luna, todos inclinándose ante él (Génesis 37). Nada de esos sueños proyecta humildad, ¿verdad? De hecho, su familia tuvo dificultades para procesar estas interpretaciones porque parecían muy inverosímiles y egocéntricas, de tal manera que lo lanzaron a la dimensión de la traición.

Los sueños de José pueden haber parecido grandiosos hasta que comenzamos a ver su cumplimiento. La verdad es que las cuatro dimensiones anteriores han cambiado a José. No se ve igual que el chico de diecisiete años que tuvo los sueños iniciales. No actúa de la misma manera que cuando sus hermanos lo vieron por última vez antes de venderlo como esclavo. Ya no hablaba igual. Su proceso lo largo de cada paso del viaje lo han moldeado en la persona que ahora tiene acceso al palacio.

> **Estoy convencido de que los sueños de tamaño divino cambian a las personas.**

¿Parece nuestra propia jornada, no? No soy la misma persona que era hace treinta años antes de atravesar las dimensiones que he mencionado en este libro. Mi apariencia no ha cambiado mucho, o al menos quiero convencerme de que no ha cambiado (creo que estoy en negación sobre mi proceso de envejecimiento). Pero ciertamente puedo decirte que mis procesos de pensamiento, mis habilidades, mi comunicación e incluso muchos de mis intereses han cambiado por completo. ¿Por qué? Estoy convencido de que es porque los sueños del tamaño de Dios cambian a las personas. ¿El cambio, es físico? Para José lo fue, se veía diferente, sonaba diferente y se comportaba de manera diferente porque había sido vendido a una cultura diferente que había cambiado todo sobre su apariencia física. Tanto así que sus hermanos no lo reconocieron.

Para la mayoría, son los cambios en el comportamiento, el vocabulario, los deseos, las acciones, las emociones y las prioridades lo que te hace lucir diferente. Mientras José estaba en el palacio, su comportamiento, su persona y su apariencia en general eran un testimonio de su viaje. Entonces, si acceder a un lugar tan majestuoso no era el cumplimiento de un sueño, ¿qué era? Para responder a eso, debemos entender lo que sucedió con José.

José había sido convocado fuera de la prisión porque el rey (el faraón) había tenido múltiples sueños que no podía interpretar. Para su desesperación, ninguno de sus sabios o magos había podido interpretar sus sueños. Sin embargo, el jefe de los coperos, cuyo sueño José había interpretado mientras estaba en prisión, era un ejemplo viviente de la capacidad de José para interpretar sueños con precisión. De manera similar, para su perdición, el jefe de los panaderos también había experimentado la interpretación de su sueño, que tristemente incluía perder su vida.

Cuando el jefe de los coperos se dio cuenta del dilema del rey, su conciencia se sintió atormentada, y recordó su grave error. Al ser liberado de la prisión, había olvidado a José, el que había interpretado su sueño. Afortunadamente, el momento era ideal para corregirlo. Rápidamente habló con el faraón sobre la habilidad de José para interpretar sueños.

No es una coincidencia que por providencia divina—un mérito que José atribuye solo a Dios—José no solo interpretara los sueños del faraón, sino que también ofreció una estrategia sobre qué hacer. Considerando que la interpretación del sueño requería siete años de abundancia de recursos en la tierra, seguidos de siete años de escasez, el plan de José preservaría recursos para los siete años de hambre.

El rey necesitaba ejecutar el plan y no necesitaba buscar más allá de Jose. ¡José llegaría a ser el jefe comandante! Después de todo, José tenía una estrategia para enfrentar los desafíos que el país enfrentaría durante los próximos catorce años.

> **Las estrategias y la sabiduría de José no derivaban de su propio intelecto.**

Aquí es donde la falsa humildad debe quedar en un segundo plano. ¿Qué quiero decir con eso? José podría haber dicho: "¡No! ¡No soy yo! ¡No tengo la experiencia para gestionar tal esfuerzo!". Podría haber dicho: "¿Qué tal si sigo a alguien?", o "No tengo las calificaciones para gestionar los recursos de un país". No era el momento de retroceder en duda, miedo y aprensión. La verdad es que, lo reconociera o no, había pasado los trece años anteriores preparándose para ese momento. La traición de sus hermanos lo había catapultado a un palacio que lo ayudó a prepararse para ese momento. La acusación de la esposa de Potifar que lo llevó a la prisión sirvió como una bendición disfrazada, por la cual sus habilidades de gestión se refinaron.

He dicho desde el principio que los sueños del tamaño de Dios requieren estrategias de tamaño divino e intervención. Si esto es cierto, y creo que lo es, entonces debemos notar que las estrategias y la sabiduría de José no derivaban de su propio intelecto. Fue una asociación con Dios. José se entregó al proceso, y Dios, en cambio, satisfacía cada una de sus necesidades. Esto debería ayudarnos a entender que cuando nos sometemos a nuestra jornada, no necesitamos tenerlo todo resuelto. A medida que nos embarcamos y confiamos en el proceso y permanecemos abiertos al crecimiento y el aprendizaje, Dios nos dotará con las estrategias, conocimientos y sabiduría necesarias para ver el sueño cumplido.

¿Qué de ti? ¿Qué has estado preparando? Quizá ahora estés saliendo de tu zona de confort y atreviéndote a soñar sueños del tamaño de Dios. Quizá una visión de tamaño de Dios esté gestándose dentro de ti. Si es así, debes saber que cada dimensión que enfrentas servirá como preparación para el cumplimiento de esos sueños. Cada dimensión, independientemente de cuán difícil sea, te equipará para experimentar la plenitud de tu visión. Cuando llegue el momento, no retrocedas por miedo, duda o falsa humildad. ¡No! Has sido creado para experimentar el cumplimiento de los sueños del tamaño de Dios. Has sido creado para experimentar la plenitud de las visiones del tamaño de Dios.

En última instancia, la interpretación de José de los sueños del faraón se convirtió en realidad. ¡José fue nombrado como el segundo al mando del faraón! Eso solo habla de nuestro descubrimiento anterior: el cumplimiento de los sueños del tamaño de Dios siempre superará nuestras expectativas. ¿Qué hará José con todo ese poder? ¿Lo usará para vengarse de la traición que ha experimentado una y otra vez? ¿Lo usará para acumular riqueza? Decir que sí a esas preguntas es limitar sus sueños del tamaño de Dios a un comportamiento de autoexaltación. ¡No! Ya sea que se hiciera esta pregunta o no, imagino que tuvo que considerar introspectivamente *¿de quién es el sueño, de todos modos?*

¡Lo sé! Sé que los sueños iniciales aún perduran como grandiosos y egoístas. Y parece que ahora José tiene el poder y la posición para ver el cumplimiento de esos sueños de una manera que lo haría superior. Pero nada está más lejos de la verdad. Su llamado a administrar recursos no es egoísta. Dentro de su alcance de liderazgo está la capacidad de ayudar a las personas durante años de hambre, hasta el punto de que las personas viajarían desde otras regiones en busca de comida.

Ahí radica la yuxtaposición de sus sueños iniciales y su cumplimiento. Sí, sus hermanos viajaron a Egipto donde José había ascendido al poder. Cuando aparecen ante José y no lo reconocen, se inclinan. ¡Ahí está! Los sueños de José finalmente se han convertido en realidad, no como un evento aislado, sino como parte de un cuadro mucho más grande.

Todo el viaje de José —sus sueños iniciales y las dimensiones subsiguientes que atravesó— se ha reducido a este único momento. El cumplimiento de sus sueños, aunque manifestado con precisión, se ha convertido en parte de una narrativa más profunda. José ahora tenía que decidir entre sus emociones personales y su cumplimiento de tamaño divino. Como ser humano, podría haber dicho: "¡Este es mi momento! ¡Estoy en control! ¡Mis hermanos pagarán por lo que han hecho!".

¿Quién sabe? Tal vez lo pensó. Sin embargo, la pregunta "¿de quién es el sueño, de todos modos?", debería impulsarlo a elegir un curso de acción. ¿Dejará que su doloroso jornada pasada y sus emociones influyan en su decisión, o actuará en función de su condición presente y las oportunidades que se le han dado? ¿Actuará basado en su dolor, o actuará basado en su propósito?

El monólogo de José dentro del texto bíblico captura bellamente la respuesta a esas preguntas. Captura bellamente el significado y la esencia de cada dimensión de manera colectiva y cohesiva. Cuando José se mueve a compasión y ya no puede ocultar su identidad a sus hermanos, exclama:

> Yo soy José, el hermano de ustedes, a quien vendieron a Egipto. Pero ahora, por favor no se aflijan más ni se reprochen el haberme vendido, pues en realidad fue Dios quien me mandó delante de ustedes para salvar vidas. Desde hace dos años la región está sufriendo de hambre y todavía faltan cinco años más en que no habrá siembras ni cosechas. Por eso Dios me envió delante de ustedes: para salvarles la vida de manera extraordinaria y de ese modo asegurarles descendencia sobre la tierra. Fue Dios quien me envió aquí, no ustedes.

(Génesis 45:4-8, NVI)

¿De quién es el sueño, de todos modos? La respuesta a esa pregunta lo cambia todo. José tenía todo el derecho y la razón para celebrar su nueva posición de autoridad. Tenía toda la razón para mostrar su poder sobre sus hermanos. Al hacerlo, su exhibición de poder sería una representación precisa de sus sueños iniciales. Sin embargo, José debe entender que el cumplimiento final tiene más que ver con el propósito que con un destino. Tenía que reconocer que sus sueños no eran algo que él había conjurado personalmente, sino más bien algo a lo que había sido llamado a hacer.

Debemos darnos cuenta de que, si bien nuestros sueños son profundamente personales y reflejan nuestros viajes individuales, su verdadero significado radica en su capacidad para trascender los límites de nuestras propias vidas. A medida que aprendemos de

José, los sueños que están arraigados en la empatía, la compasión y un compromiso con el progreso colectivo, tienen el poder de inspirar, unir y transformar sociedades. Tienen el poder de cambiar familias y relaciones. Tienen el poder de cambiarnos a nosotros como portadores de sueños.

Sería negligente si no señalara lo obvio. Quizá no sea obvio, sino más bien oculto a plena vista: el cumplimiento de los sueños de tamaño divino incluye a la persona que recibe el sueño. Eso es obvio. Es el soñador quien experimentará el cumplimiento de un sueño. Sin embargo, al observar el llamado de José, también podríamos considerarlo un conducto a través del cual un país sería salvado de la destrucción. Sin embargo, eso tampoco era el cuadro completo. El cumplimiento del sueño, con toda su posición, beneficios, estatus y riqueza, incluía al soñador, pero José no solo era el destinatario de los beneficios de esa asignación, también era el portador.

Señalo eso porque he encontrado a innumerables individuos miserables. Hacen cosas en la vida, trabajan en varias posiciones y cumplen lo que consideran un llamado, pero son miserables. Casi sienten que están obligados a hacer lo que hacen y justifican su estado actual afirmando que lo hacen por el bien mayor. Dicen cosas como: "¡Bueno, solo lo hago por mi familia!", o "no soy feliz, pero estoy haciendo el sacrificio por Dios!".

Cuando considero la vida de nuestros dos protagonistas, también pienso en incontables otras personas que conozco, o he conocido, que también se han beneficiado personalmente del cumplimiento de sus sueños y visiones de tamaño divino.

Puedes preguntar: "¿No dijiste que el cumplimiento de los sueños de tamaño divino debería impactar solo a las generaciones futuras?". ¡No! He sugerido que el cumplimiento de los sueños de tamaño divino se extiende más allá de la gratificación personal. No soñamos sueños de tamaño divino a expensas de una vida no cumplida. Por el contrario, es un enfoque que combina ambas cosas: soportamos las dimensiones y disfrutamos del cumplimiento. Como una mujer que lleva un hijo durante nueve meses, llevamos el peso del sueño, y disfrutamos su crecimiento y nacimiento. Como José, nos convertimos en el destinatario del cumplimiento y en administradores del mismo de una manera que impacta a otros.

La distinción entre la tercera dimensión del gusto y la quinta dimensión habla de esta paradoja. Usando el ejemplo de José, ambos lugares en los que se encontró eran similares. Ambos eran grandiosos. Ambos dueños eran ricos. Ambos colocaron a José en una posición de poder. Sin embargo, en la dimensión del gusto, José era el único destinatario de los beneficios que venían con su posición. Por el contrario, en Egipto, aunque similar a la dimensión del gusto, él *y* su familia eran los beneficiarios de los ventajas asociadas con su posición. Si se hubiera conformado con la dimensión del gusto, habría perdido el mayor impacto asociado con la quinta dimensión.

OLVIDANDO EL DOLOR

"Si el dolor debe venir, que venga rápido. Porque tengo una vida que vivir, y necesito vivirla de la mejor manera posible".
—Paulo Coelho

¿Alguna vez te has sentido atascado? Ese tipo de atascamiento que se infiltra por emociones pasadas. Un momento estás perfectamente bien, disfrutando del cumplimiento de tus sueños de tamaño divino, y momentos después, te recuerdan los dolores del pasado. Los recuerdos por sí solos intentan obstaculizar tu progreso y paralizarte. ¿Qué haces?

Celebrar el cumplimiento de los sueños de tamaño divino no te exime de los recuerdos dolorosos. Es en este cruce entre lo que es y lo que fue donde tus elecciones marcarán la diferencia. ¿Avanzarás en el cumplimiento de tus sueños de tamaño divino—y experimentarás la plenitud de tu visión de tamaño divino—o retrocederás en duda, culpa y vergüenza, solo para sabotear tu progreso y todo lo que está reservado para ti?

La quinta dimensión se trata de cumplimiento. Se trata de ver, experimentar y vivir en lo que una vez fue solo un gusto. Se trata de presenciar el cumplimiento de tu sueño de tamaño divino desplegarse ante tus propios ojos. También se trata de plenitud, como con Abraham, cuyo cumplimiento de su visión de tamaño divino no fue un evento único, sino un nivel de plenitud que se extendió más allá de su vida. Vivir en la quinta dimensión te hace apreciar cómo soportaste cada otra dimensión. Es la cima de algunas escaladas muy difíciles donde miras hacia el horizonte de tu vida y declaras: "¡Todo valió la pena!"

Sin embargo, he conocido, aconsejado y mentoreado a un enorme número de personas que, en la cima de sus vidas, han llegado a un cruce paralizante debido al dolor del pasado. Una relación que les recuerda su pasado, algo que alguien hizo o un recuerdo doloroso que no pueden superar, detiene su progreso abruptamente.

Ninguno de nosotros puede negar ese dolor. Ya sea físico o emocional, es una parte inevitable de la experiencia humana. Se manifiesta de diversas formas. Podemos experimentarlo como pérdida, desamor, fracaso o incluso lesión física, lo que puede dejarnos sintiéndonos abrumados y desolados y hacernos cuestionar la justicia de la vida. Sin embargo, en medio de la agonía y la desesperación, el dolor tiene el potencial de transformarse en lecciones profundas que dan forma a nuestro yo futuro y guían nuestras acciones de maneras que tal vez nunca anticipamos.

¿Por qué retrocederíamos al confundir la quinta dimensión con la cuarta dimensión? ¡Exactamente! Si no tenemos cuidado, lo que debería haber permanecido en el pasado puede regresar, repoblarse e intentar detener nuestro progreso en la quinta dimensión.

Imagina si nuestro protagonista, José, no hubiera lidiado con su dolor, traición, carencia y años de aparente oscuridad. ¿Qué habría pasado con la visita sorpresa de sus hermanos? Creo que hay un principio más profundo que se encuentra en una afirmación anterior que hice en un capítulo anterior. Es decir, el cumplimiento de los sueños de tamaño divino siempre superará nuestras expectativas. Déjame mostrarte lo que quiero decir.

Incrustado en la narrativa de José, entre su dimensión de obediencia y la dimensión de cumplimiento, surge una historia que puede pasarse por alto fácilmente. Según las propias palabras de José, su doloroso viaje se convierte en su escudo contra el trasfondo del dolor pasado. Lo que José está a punto de experimentar se convierte en un recordatorio de que su pasado ya no puede controlar su futuro.

La verdad es que, a menudo, es más fácil enterrar el dolor y los recuerdos dolorosos bajo la alfombra, que lidiar con el proceso de sanación necesario para volver a estar completo.

A medida que José asciende al poder, también lo hacen los beneficios que vienen con su nueva posición como segundo al mando, el gobernador de Egipto. El niño de diecisiete años que ha soportado el tipo de adversidad que haría que otros se hundieran en un vórtice de depresión está ahora de pie en medio de un palacio con un anillo de sello en su dedo, una cadena de oro alrededor de su cuello y vestido con finas vestiduras de lino. Estaba a punto de usar sus habilidades de liderazgo para uno de los esfuerzos más meticulosos y complejos de gestión de la cadena de suministro que cualquier país había experimentado. Solo había un problema. Aún tenía que enfrentar su pasado.

¿Qué pasaría si, sin previo aviso, en medio de sus mayores momentos de éxito, su dolor pasado, traición y rabia salieran a la superficie de maneras que no supiera controlar? ¿Qué pasaría si afectara su liderazgo? ¿Le faltaría la confianza necesaria para construir relaciones significativas?

La verdad es que, a menudo, es más fácil enterrar el dolor y los recuerdos dolorosos bajo la alfombra, que lidiar con el proceso de sanación necesario para volver a estar completo. ¿Has escuchado el adagio, "Las personas heridas hieren a las personas"? Lo he visto suceder demasiadas veces. Las personas heridas a veces emiten un mecanismo de defensa como un intento de protegerse de experimentar un dolor similar.

¡Aquí está la buena noticia! ¡No tiene que ser así! ¡Tu sueño de tamaño divino es demasiado grande! Es demasiado grande para permitir que tu pasado interrumpa tu futuro.

Entonces, ¿cómo avanza José en superar su pasado de una manera que lo prepare para la visita de quienes lo traicionaron?

En medio de todo su éxito durante siete años de recursos abundantes, él y su esposa tuvieron dos hijos. ¡Espera un momento! ¿Por qué eso importa? ¿Qué tienen que ver los dos hijos de José con la terapia mental y emocional que lo ayudaría a sanar de su pasado? ¡Me alegra que hayas preguntado!

> **No puedes arreglar tu pasado, pero puedes establecer nuevos estándares para el futuro.**

En tiempos bíblicos, el nacimiento y nombramiento de los hijos era extremadamente significativo. No era inusual nombrar a un hijo para solidificar un mensaje de Dios, comunicar una afiliación con Él, o (por favor, no te pierdas esto) indicar un nuevo comienzo o nueva dirección en la vida de una persona. Este fue precisamente el caso de José. Él llamó a su primogénito Manasés, que significa "Dios me ha hecho olvidar todo mi trabajo y toda la casa de mi padre" (Génesis 41:51, LBLA). Y llamó a su segundo hijo Efraín, que significa "Dios me ha hecho fecundo en esta tierra donde he sufrido" (v. 52 NVI).

Hasta ahora, la única experiencia con la familia significaba traición y odio. Quizá su intento de adaptarse al hogar de la familia que inicialmente lo había traído como esclavo se detuvo abruptamente debido a la falsa acusación de la esposa del dueño. Pero ahora José tiene la oportunidad de cambiar la dinámica de todo lo que ha conocido. No tiene que transmitir su dolor a la siguiente generación. Su pasado no tiene que dictar su futuro.

Cada vez que José mira a su hijo Manasés, le recuerda: *Tienes la oportunidad de empezar de nuevo. No traigas el dolor de tu pasado a tu presente. Esta es tu familia ahora, tu nuevo comienzo. No puedes arreglar tu pasado, pero puedes establecer nuevos estándares para el futuro.* Cada vez que José mira a su hijo Efraín, le recuerda: *Aunque no estés en tu tierra disfrutando del calor y el afecto de tu padre que te ama profundamente, has sido bendecido más allá de medida en la misma tierra donde fuiste esclavo.*

Esta capacidad de reconocer tanto la sanación de sus heridas pasadas como lo lejos que ha llegado desde un lugar de oscuridad, dolor y carencia, lo preparó para un encuentro con sus hermanos. Lo que podría haberlo destruido se convirtió en un recuerdo distante que ya no afectaba sus acciones. Su dolor se convirtió en perdón.

Cuando llegó la oportunidad de ser vengativo, la reemplazó con compasión. Cuando sus hermanos lo traicionaron, ¿no se sentaron cerca y comieron su almuerzo después de arrojar a José al pozo seco? En contraste con su comportamiento, en lugar de disfrutar de la abundancia de su promoción y dejar a sus hermanos morir de hambre, los sentó en su mesa porque sus acciones y decisiones provenían de un corazón sanado.

¿Qué crees que habría pasado si José se hubiera aferrado al dolor y hubiera permitido que se pudriera? Como las malas hierbas descuidadas, ¿podría haber crecido sin control y obstaculizado su capacidad para mostrar compasión? A menudo le digo a la gente que tenga cuidado con lo que alimentan. Les recuerdo: "¡Si lo alimentas, crece; si lo dejas morir de hambre, muere!". ¿No es eso como la mayoría de las áreas de nuestras vidas? Una relación "si la alimentas, crece; si la dejas morir de hambre, muere"; un deseo sin sentido, con codicia u orgullo "si lo alimentas, crece; si lo dejas morir de hambre, muere". ¿Entiendes el punto? Como muchos de nosotros, estoy convencido de que si José hubiera permitido que el dolor de la traición se pudriera, se habría vuelto cínico y desconfiado, y, quién sabe, incluso podría haber quemado puentes en el camino.

Los hijos de José proporcionan un paralelo metafórico al cumplimiento de los sueños de tamaño divino en nuestras vidas. A menudo esperamos erróneamente el momento adecuado, el momento correcto, la ciudad adecuada para vivir, el trabajo adecuado o las condiciones adecuadas antes de prosperar. ¿Qué pasaría si el Dador de tus sueños de tamaño divino pudiera prosperarte donde estás a pesar de la adversidad que experimentaste en el camino, como lo vimos con José? A lo largo del tiempo, José aprendió a prosperar en la adversidad.

> **No dejes que tu pasado interrumpa tu futuro.**

Como esclavo en la casa de Potifar, ascendió como segundo al mando. Allí tuvo un vistazo de su futuro. Cuando cayó en prisión, pudo prosperar. El guardia de la cárcel sabía que no tenía nada de qué preocuparse con José a cargo. Ahora, su hijo le recordaría eternamente a José que podía prosperar en medio de la adversidad.

¿Te has perdido lo lejos que has llegado porque has estado enfocado en todo el dolor, la lucha o la carencia que tuviste que soportar? La carencia no es solo un estado de recursos financieros escasos. Puedes estar financieramente estable pero carecer de paz, relaciones significativas o plenitud emocional. Al igual que José, mira lo lejos que has llegado. Cambia tu enfoque a tu representativo

Manasés, esas cosas en tu vida que podrían ayudarte a olvidar el dolor de tu pasado, que ya no debes dar por sentado. No dejes que tu pasado interrumpa tu futuro.

Recientemente leí una cita en alguna parte (no puedo recordar dónde) que decía: "Sacar a relucir mi pasado es como buscarme en una antigua dirección. Más vale que sigas adelante porque ya no vivo allí". Esto no significa que ignores tu pasado. En cambio, te vuelves consciente de que el dolor puede convertirse en un poderoso maestro. A menudo nos obliga a confrontar nuestras vulnerabilidades, debilidades y limitaciones.

Cuando experimentamos dolor, ya sea la pérdida de un ser querido, la disolución de una relación, un retroceso en nuestras carreras, la traición o el fracaso, nos vemos empujados a un estado de introspección y autoexamen. Esta introspección es crucial porque nos obliga a evaluar nuestras elecciones, creencias y prioridades. Seremos catapultados a nuevos niveles de pensamiento si seguimos ese camino de introspección y elegimos avanzar hacia el cumplimiento. Las cosas que te frenaban antes, ahora te impulsan hacia adelante. Tu dolor se convierte en un activo en lugar de un pasivo.

HUMILDAD Y GRATITUD

No puedo hablar por José, pero un análisis de su vida me lleva a creer que entendió el efecto humillante que el dolor tiene en la vida de las personas. ¿Cómo puede alguien que poseía tanto poder demostrar tanta humildad? Creo que es porque su dolor le recordó su vulnerabilidad y su limitado existir. Lo llevó a apreciar las bendiciones y alegrías que había perdido a lo largo de su difícil viaje.

Cuando encontramos adversidad o retrocesos, adquirimos una nueva apreciación por los placeres simples de la vida: salud, amor, amistad y momentos de felicidad y paz. Por ejemplo, las personas que han enfrentado dificultades financieras a menudo emergen de sus experiencias con una gratitud más profunda por la estabilidad y seguridad financiera. Aprenden a gestionar sus recursos sabiamente, cultivando resiliencia frente a la incertidumbre. Se vuelven propensas a extender una mano amiga a otros que están luchando.

> **El dolor se convertirá en un maestro, no en un adversario.**

¿Qué te estoy diciendo? No ignores el dolor. ¡Enfréntalo! ¡Abrázalo! ¡Aprende de él! Aunque el dolor puede ser agonizante y difícil de soportar, posee el poder transformador de dar forma a nuestro carácter, valores y perspectivas. Entonces, al abrazar el dolor como un maestro en lugar de un adversario, nos abrimos a lecciones profundas que fomentan el crecimiento, la resiliencia, la empatía y la gratitud. A medida que navegamos por los inevitables desafíos de la vida, que podamos reconocer el potencial de crecimiento y sabiduría que el dolor ofrece. Que emerjamos como resultado más fuertes, más sabios y más compasivos.

Recuerda, lo que estás experimentando o estás a punto de experimentar trasciende tus limitaciones personales. No solo estás cumpliendo un objetivo. No solo estás marcando algo en tu lista de tareas. ¡No! Estás experimentando, o a punto de experimentar, el cumplimiento de un sueño de tamaño divino. Estás experimentando, o a punto de experimentar, la plenitud de una visión de tamaño divino. Por lo tanto, los ataques y desafíos intentarán estancar tu progreso. Debes pedirle a Dios la resiliencia y la capacidad para trascender cada oposición y abordar esas cosas que intentarán sabotear tu vida. ¡No las ignores! Abórdalas. Y cuando las circunstancias se vuelvan dolorosas, decide que el dolor se convertirá en un maestro, no en un adversario. ¡El sueño es demasiado grande—la visión demasiado grandiosa—para quedar paralizado por tu pasado!

¿LISTO PARA OTRO CICLO?

"¡La vida no termina con el cumplimiento de un sueño!".
—C. Olmeda

¡Felicidades, lo has logrado! Estás presenciando el cumplimiento de un sueño de tamaño divino que pareció eludirte durante mucho tiempo. Pero aquí estás. Si cierras los ojos y reflexionas sobre lo lejos que has llegado, debería sentirse surrealista. Si es el cumplimiento de un sueño de tamaño divino, ha superado tus expectativas. Debería ser tan asombroso que te preguntes: ¡¿*Cómo llegué aquí*?!

Para muchos, tu linaje, crianza, fracasos pasados y limitaciones percibidas habrían sido objeto de burla: "*¡Eso* no es para ti! ¡Ese sueño es demasiado grande! ¡Esa visión es demasiado grandiosa! ¡No estás calificado!". Sin embargo, aquí estás, disfrutando del cumplimiento. ¡Estás disfrutando de la plenitud de una visión de tamaño divino! Para algunos, como José, ¡no pediste el sueño! Sin embargo, Dios te vio apto para llevar un propósito grandioso y satisfactorio. ¡Eras la persona adecuada para el puesto! ¡Eras la persona adecuada para cumplir lo que otros habrían abortado si hubieran pasado por lo que tú pasaste! Entendiste en qué dimensión estabas en cada paso del camino y no te rendiste. ¡No te diste por vencido! ¡Sabías que la quinta dimensión estaba en camino!

> **Parte del secreto de tu éxito es la capacidad de vivir generosamente.**

Muchos de ustedes han tenido que ascender a nuevos niveles de pensamiento. ¡Tu capacidad se ha expandido para sostener tu nuevo nivel de grandeza! Sin embargo, considerando todo lo que has atravesado, la grandeza no ha provocado superioridad, sino humildad. Comprendes que no podrías haber alcanzado esta dimensión en tu vida por tu cuenta. Estás aquí por providencia divina. Estás aquí porque tu sueño de tamaño divino (tu visión de tamaño divino) trascendió tus limitaciones personales. ¡Nadie puede robarte tu cumplimiento! ¡Has pagado el precio! ¡Has soportado, y es hora de cosechar la recompensa por no rendirte!

No temas perder lo que tienes. Al igual que José, eres un administrador y mayordomo de lo que te han dado. De hecho, vive con la mano abierta. No intentes acumular. No te vuelvas egoísta. Parte del secreto de tu éxito es la capacidad de vivir generosamente.

EL CAMBIO

Mientras disfrutas del cumplimiento de tu sueño de tamaño divino—la plenitud de tu visión de tamaño divino—permíteme cambiar tu enfoque hacia una mayor comprensión del modelo de la quinta dimensión. Hasta ahora he ilustrado la quinta dimensión como un modelo secuencial lineal (ver Figura 1). Desde la dimensión del sueño y la visión hasta cada dimensión subsiguiente, has seguido un proceso parecido a una escalera. Si tuviera que usar un término empresarial, cada paso habría sido como escalar los peldaños de una escalera corporativa. Cada paso te acercó a la quinta dimensión.

Figura 1

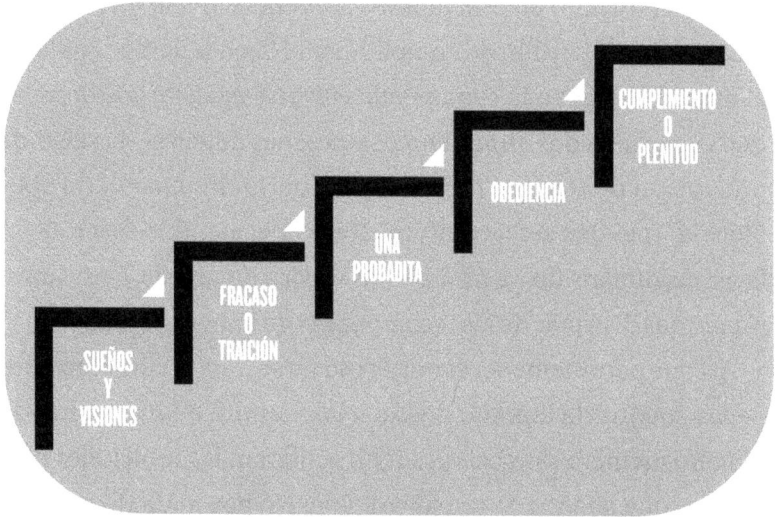

He utilizado ese modelo secuencial lineal intencionadamente. Me ha permitido demostrar la progresión de los sueños para ayudarte a entender que los desafíos no se traducen en retroceder o permanecer estancado. Cada dimensión fue un paso en la dirección correcta. Cada dimensión fue un avance hacia el cumplimiento del sueño, hacia la plenitud de tu visión de tamaño divino.

Aquí está el desafío. Al igual que en la corporación estadounidense, adoptar el modelo lineal puede llevarte a malinterpretar el objetivo general del proceso de la quinta dimensión en su conjunto. Al igual que algunos que han escalado la escalera corporativa, llegan a la cima, disfrutan de los beneficios durante un tiempo y luego se preguntan: *¿Qué sigue?* Muchos han escalado la escalera corporativa y alcanzado la cima solo para preguntar: "¿Es esto todo? ¿A dónde voy desde aquí?". ¿Qué pasa cuando vivir a ese nivel se vuelve monótono? ¿Qué pasa al llegar a la edad de jubilación? ¿Simplemente te embarcas hacia alguna isla tropical para tomar piñas coladas junto al océano hasta que llegue el momento de morir? ¿Es eso todo?

¡Hay un peligro en este modelo secuencial lineal una vez que alcanzas la dimensión de cumplimiento! Si no tenemos cuidado, el deseo de llegar a la cima puede volverse egoísta. Los desafíos que vienen con dos de las dimensiones más difíciles—la segunda dimensión de fracaso/traición, y la cuarta dimensión de obediencia—pueden ser tan abrumadores que cuando te acerques a la quinta dimensión, ya no desearás servir a los demás. En su lugar, preferirías disfrutar de las recompensas de haberlo logrado.

Así que permíteme ser claro: de eso no se trata el cumplimiento de los sueños de tamaño divino o la plenitud de una visión de tamaño divino. Esas acciones representan más ambiciones personales que sueños de tamaño divino. No hay nada de malo en ambiciones saludables. Ayudan a las personas a esforzarse por el logro o la distinción. Pero las ambiciones también pueden volverse poco saludables. Pueden volverse destructivas e inhibidoras y llevar a la avaricia. De eso no se trata este libro.

Este libro ha delineado el proceso de cumplir sueños y visiones que trascienden tus limitaciones personales. Llegar a la "cima" nunca ha sido el objetivo. Tiene más que ver con la grandeza y el impacto que te trasciende, que hace una diferencia y tiene un valor eterno. Entonces, si el modelo de la quinta dimensión no es lineal y secuencial… ¿entonces qué es? ¿Qué pasa después de que llegas a la quinta dimensión y experimentas el cumplimiento de tu sueño de tamaño divino? ¿Qué sucede cuando llegas a la quinta dimensión y experimentas la plenitud de la visión de tamaño divino que has estado llevando? ¡Te lo diré! Cuando llegues allí, recibirás un sueño fresco en cualquier momento—una nueva visión—para la próxima fase de tu vida. Permíteme explicarlo.

LA ESPIRAL

El modelo de la quinta dimensión es más un modelo cíclico lineal que un modelo secuencial lineal (ver Figura 2). Eso significa que cada dimensión por la que pasas no es un paso que escalas hacia la cima, sino un proceso de crecimiento que comienza con un sueño o una visión, que se intensifica y luego se repite, pero desde un lugar de mayor fortaleza.

Figura 2

Cada parte del modelo cíclico es importante. El punto de partida denota un inicio en tu vida. Considera a José, por ejemplo. Tenía diecisiete años cuando recibió sus sueños. Su exuberancia desinhibida lo llevó a revelar sus sueños a sus hermanos, lo que desencadenó la serie de eventos delineados a lo largo de su narrativa bíblica. A medida que navegaba por cada dimensión, no regresaría a su punto de partida. En cambio, maduraría, desarrollaría resiliencia y crecería más allá de sus limitaciones iniciales. Cada dimensión fue una oportunidad para crecer.

Con cada dimensión que superas, llevas contigo lecciones aprendidas. La dimensión de fracaso y traición te ayudará a avanzar hacia el futuro con una nueva sabiduría. No perdiste de vista el sueño durante esos momentos difíciles. En su lugar, reevaluaste tu vida y entendiste cómo intentar de nuevo, pero con un conocimiento y sabiduría incrementados.

La dimensión del gusto te ayudó a comprender que si es solo un gusto, solo es cuestión de tiempo antes de que las cosas que estás probando se agoten. La dimensión del gusto te ayudó a priorizar tu vida para determinar si la ganancia egoísta o tu carácter e integridad eran más importantes. Te ayudó a comprender que hay cosas por las que simplemente no vale la pena manchar tu reputación. Te diste cuenta durante esa dimensión que el sueño era demasiado grande para que te conformaras allí.

La dimensión de obediencia casi te atrapa. ¡Lo sé! Esa fue dura Quizá la más dura. Esos momentos de dolor, silencio, oscuridad y soledad te hicieron cuestionar si realmente había un sueño de tamaño divino o si era un producto de tu imaginación. La necesidad de un acto más de obediencia te hizo cuestionar si el sacrificio valía la pena. Pero permaneciste firme. Desarrollaste un comportamiento desinteresado. Aprendiste a vivir con la mano abierta y no permitir que las personas, lugares o cosas te controlaran. Maduraste a través de esa dimensión para convertirte en una persona más generosa, compasiva y tenaz.

En cada dimensión individual puede que hayas sentido que no estabas avanzando, pero colectivamente miras hacia atrás en las últimas cuatro dimensiones y te das cuenta de lo lejos que has llegado. No eres la misma persona. Has crecido y madurado más allá de tu imaginación. ¿Y ahora qué?

El cumplimiento actual de tu sueño de tamaño divino o la plenitud de tu visión de tamaño divino puede no ser el final, dependiendo de dónde estés en tu vida con respecto a tu edad, vocación o estado familiar. Eso haría que nuestro modelo fuera lineal y secuencial, que termina una vez que alcanzas la cima. En cambio, puede que obtengas un sueño fresco o una nueva visión para la próxima fase de tu vida (ver Figura 3).

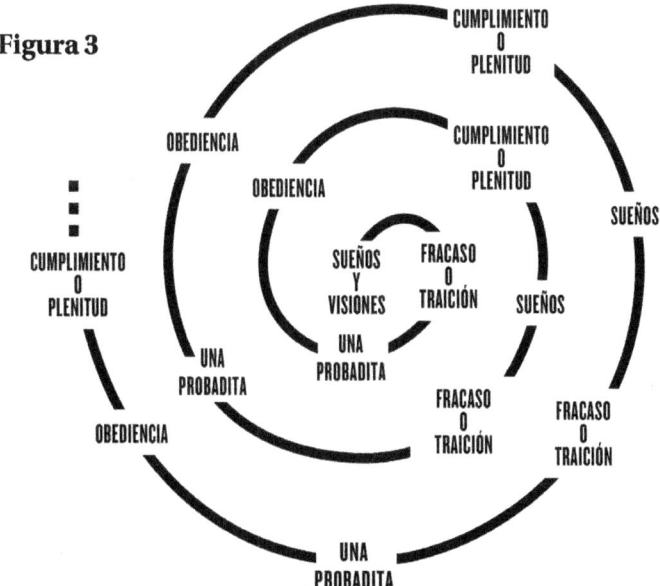

Figura 3

Me recuerda a un personaje bíblico llamado Caleb. Él fue uno de los dos líderes que caminó optimistamente con Moisés, quien guio al pueblo de Israel fuera de la esclavitud egipcia. Habían pasado cuarenta y cinco años desde que Dios le hizo una promesa. A la edad de ochenta y cinco años dijo lo siguiente:

> *Yo tenía cuarenta años cuando Moisés, siervo del Señor, me envió desde Cades-barnea a que explorara la tierra de Canaán. Regresé y di un informe objetivo de lo que vi, pero los hermanos que me acompañaron asustaron tanto al pueblo que nadie quería entrar en la Tierra Prometida. Por mi parte, seguí al Señor mi Dios con todo mi corazón. Así que, ese día, Moisés me prometió solemnemente: "La tierra de Canaán, por donde recién caminaste, será tu porción de tierra y la de tus descendientes para siempre, porque seguiste al Señor mi Dios con todo tu corazón".*
>
> *»Ahora, como puedes ver, en todos estos cuarenta y cinco años desde que Moisés hizo esa promesa, el Señor me ha mantenido con vida y buena salud tal como lo prometió, incluso mientras Israel andaba vagando por el desierto. Ahora tengo ochenta y cinco años. Estoy tan fuerte hoy como cuando Moisés me envió a esa travesía y aún puedo andar y pelear tan bien como lo hacía entonces. Así que dame la zona montañosa que el Señor me prometió.*
>
> —Josué 14:7-12 (NTV)

Durante cuarenta y cinco años, Caleb llevó un sueño no cumplido, una visión de una tierra prometida. Había sido parte de otros sueños de tamaño divino y había podido presenciar su cumplimiento. ¡Y aquí estaba! Años de batallas, luchas, dolor y adversidad lo habían convertido en quien eventualmente llegó a ser. Y a la edad de ochenta y cinco años, estaba de vuelta en la dimensión número uno.

A diferencia de la escalera corporativa, no descendió ni fue degradado. En cambio, creció y maduró a partir de años de experiencia y estuvo listo para asumir un nuevo sueño de tamaño divino.

SUEÑOS GENERACIONALES

Los sueños de tamaño divino y las visiones de tamaño divino son tan poderosos que trascienden generaciones. Cuando lo hacen, mantienen el modelo cíclico girando hacia afuera a través de múltiples generaciones. La belleza de esto es que una generación puede comenzar a vivir la quinta dimensión desde el mismo inicio de la dimensión de sueños y visiones sin darse cuenta de que están cumpliendo un sueño que fue declarado antes de que nacieran. Permíteme darte un ejemplo.

Puedo proporcionarte innumerables ejemplos de personas que han vivido el modelo de la quinta dimensión. De hecho, puedo asegurarte que cualquiera que haya experimentado el cumplimiento de un sueño de tamaño divino o haya vivido en la plenitud de una visión de tamaño divino, no ha estado exento de ninguna de las dimensiones. Es parte del proceso hacia el cumplimiento y la plenitud.

Piensa en el conocido personaje bíblico, Moisés. Películas populares como el *remake* de 1956 de *Los Diez Mandamientos*,[5] popularizada por el actor Charlton Heston, o *El Príncipe de Egipto*[6] de Universal Pictures en 1998, han generado amplia familiaridad en

---
5 Cecile B. DeMille, *Los Diez Mandamientos* (5 de octubre de 1956; Hollywood: Paramount Pictures).
6 Brenda Chapman, Steve Hickner y Simon Wells, *El Príncipe de Egipto* (16 de diciembre de 1998; Universal City: Universal Pictures).

el público sobre el viaje de Moisés. Moisés y el pueblo que guio fuera de Egipto —el pueblo de Israel— son un ejemplo clásico del proceso de la quinta dimensión.

1) **Primera Dimensión** (Sueño/Visión): Moisés recibió una visión —un llamado— para guiar al pueblo de Israel fuera de la esclavitud en Egipto.

2) **Segunda Dimensión** (Fracaso/Traición): Aunque escaparon (no sin lucha), se convirtieron en un pueblo bastante murmurador y rebelde mientras atravesaban el desierto. No siguieron las instrucciones. Moisés fue traicionado por sus críticas y constantes quejas.

3) **Tercera Dimensión** (Gusto): Llegaron a la frontera de la Tierra Prometida. Moisés envió espías para traer algo de fruta de la tierra. Regresaron con una abundancia de uvas, granadas e higos. Aunque disfrutaron del fruto de la tierra, fue solo un gusto. Si miraban hacia arriba después de disfrutar del fruto de la tierra, se darían cuenta de que aún estaban fuera de la promesa.

4) **Cuarta Dimensión** (Obediencia): Tenían que adherirse a cada instrucción para finalmente ocupar el sueño de tamaño divino (la mayor parte de la generación original que salió de Egipto, incluyendo a Moisés, nunca entró en la Tierra Prometida).

¡Por favor, no te pierdas esto! Desde la perspectiva de Moisés, estaba viviendo la primera dimensión como si comenzara desde el principio (y lo estaba). Pero generacionalmente no estaba comenzando desde el principio. Estaba continuando el proceso cíclico que Abraham había iniciado más de cuatrocientos años antes.

Cuando leemos sobre la visión de tamaño divino de Abraham (mientras todavía era Abram), leemos que Dios habló a Abram. Él dijo:

Ten por seguro que tus descendientes serán extranjeros en una tierra ajena, donde los oprimirán como esclavos durante cuatrocientos años; pero yo castigaré a la nación que los esclavice, y al final saldrán con muchas riquezas.
—Génesis 15:13-14 (NLT)

Como puedes ver, nuestro protagonista Abraham soportó el proceso de la quinta dimensión (todo el modelo de principio a fin), y la plenitud de su visión de tamaño divino trascendió su vida. Generacionalmente José, el bisnieto de Abraham, también soportó el proceso de la quinta dimensión y ayudó a salvar a Egipto y a países cercanos y lejanos de la hambruna.

A medida que las generaciones crecieron y se multiplicaron, podemos ser testigos de personas que comienzan el proceso de la quinta dimensión como si fuera la primera dimensión. Sin que lo sepan, comenzaban un proceso dentro de un ciclo más grande de promesas que se habían hecho años antes.

> **No vuelves al principio. En cambio, creces desde el principio.**

¿Qué pasaría si nuestros sueños de tamaño divino—nuestras visiones de tamaño divino—son el cumplimiento de promesas hechas a generaciones anteriores? ¿Qué pasaría si son sueños y promesas que se hicieron en o nacieron de los corazones de generaciones anteriores, y nosotros nos hemos convertido en los receptores de esos sueños y visiones? Para nosotros, la primera dimensión es la primera dimensión; pero en el plan de Dios, el final ya ha sido declarado desde el principio. Para Moisés, por ejemplo, lo que él pensaba que era la primera dimensión—el comienzo de una visión—era en realidad la quinta. ¿Por qué? Porque el resultado de lo que Moisés estaba a punto de experimentar ya había sido establecido cuatrocientos años antes. Él simplemente no lo sabía.

NUEVOS SUEÑOS Y VISIONES

A medida que avanzas más allá de la quinta dimensión, permíteme aliviar cualquier preocupación que puedas tener sobre comenzar de nuevo. Al observar cuidadosamente el modelo cíclico, comprenderás que no vuelves al principio. En cambio, creces *desde* el principio.

Hay sueños y visiones de tamaño divino que están reservados para ciertas fases de la vida. Quizá, como José, recibiste un sueño de tamaño divino a la edad de dieciséis años y viste su cumplimiento años después mientras aún eras joven. Debes saber que en ese momento no has llegado al último peldaño de alguna escalera y no tienes adónde más ir. ¡No! Obtendrás un sueño fresco—una nueva visión—para la próxima fase de tu vida. Aunque tendrás que navegar cada dimensión, lo harás con un nuevo conocimiento, sabiduría y resiliencia.

Cuando te familiarices con el modelo y comprendas en qué dimensión te encuentras, lo vivirás con nueva sabiduría. El dolor de la traición que pudo haber causado un dolor enorme durante tu primer ciclo a través de las cinco dimensiones, puede no doler tanto. Si lo hace, has aprendido a lidiar con él y puedes avanzar hacia la dimensión del gusto. Lo haces con confianza, reconociendo que estás en camino a la quinta dimensión.

Con cada ciclo, te expandes. Tu resiliencia se solidifica. Tu enfoque se aclara. Tu capacidad para soportar la adversidad ha sido probada y confirmada. Las preguntas y dudas que tuviste a lo largo de la dimensión de obediencia, durante tu primer ciclo se convierten en momentos "ajá" la segunda vez. Se convierten en momentos en los que dices: "¡Ajá, sé qué dimensión es esta! ¡Es hora de servir, de mostrar compasión a los demás incluso mientras no me están sirviendo y me siento olvidado!". Puede que llegue el dolor, pero ahora sabes cómo soportarlo. Ahora sabes que la dimensión de obediencia es la más oscura porque es la dimensión justo antes del cumplimiento.

A medida que atraviesas cada ciclo de la quinta dimensión, ten en cuenta que el lapso de tiempo entre esas dimensiones difíciles—la segunda dimensión de fracaso/traición y la cuarta dimensión de obediencia—puede volverse cada vez más corto. ¿Por qué? Porque has aprendido de tu pasado. Esta es precisamente la razón por la que es importante implementar las lecciones que trae cada dimensión. No las ignores. Las necesitarás mientras navegas el proceso de un sueño fresco, de una nueva visión.

Naciste para cumplir sueños de tamaño divino.

Mientras te dejo reflexionando, preguntándote en qué dimensión te encuentras o cómo será la próxima fase de tus sueños de tamaño divino y visiones de tamaño divino, confesaré algo. Para mí, solo un constante denominador común me ha permitido soñar sueños de tamaño divino y me ha dado fuerza, resiliencia y fe. Es decir, mi completa rendición a mi Señor y Salvador Jesucristo (quien, por cierto, también soportó el proceso de la quinta dimensión). Así que, mientras vivo cada cumplimiento y disfruto de la plenitud de cada visión, lo hago sabiendo que trasciende mi vida. Vivo para servir como la demostración amorosa de Jesucristo en el planeta Tierra. Vivo reconociendo que mi impacto, el cumplimiento de mis sueños y la plenitud de mis visiones, deben perdurar más allá de mi tiempo en la tierra e impactar a la próxima generación.

A medida que avanzas, sabe que rendirse nunca será una opción. Naciste para cumplir sueños de tamaño divino. Naciste para ver la plenitud de visiones de tamaño divino. Cualquiera que sea la dimensión en la que te encuentres hoy, ¡sabes que inequívocamente y sin duda, la quinta dimensión está en camino!

CONTINÚA TU VIAJE

COMPRA LA GUÍA DE ESTUDIO Y LA MASTERCLASS

EN WWW.FIFTHDIMENSIONBOOK.COM

www.ingramcontent.com/pod-product-compliance
Lightning Source LLC
Chambersburg PA
CBHW050854160426
43194CB00011B/2154